Gertrud Teusen

Vom Glück und Schmerz sich um andere zu kümmern

Wie pflegende Angehörige es schaffen, auch für sich selbst zu sorgen – ganz ohne schlechtes Gewissen

Gertrud Teusen

Vom Glück und Schmerz sich um andere zu kümmern

mvgverlag

Bibliografische Information der Deutschen Nationalbibliothek
Die Deutsche Nationalbibliothek verzeichnet diese Publikation in der Deutschen Nationalbibliografie. Detaillierte bibliografische Daten sind im Internet über http://d-nb.de abrufbar.

Für Fragen und Anregungen
info@mvg-verlag.de

Wichtiger Hinweis
Dieses Buch ist für Lernzwecke gedacht. Es stellt keinen Ersatz für eine individuelle medizinische Beratung dar und sollte auch nicht als solcher benutzt werden. Wenn Sie medizinischen Rat einholen wollen, konsultieren Sie bitte einen qualifizierten Arzt. Der Verlag und der Autor haften für keine nachteiligen Auswirkungen, die in einem direkten oder indirekten Zusammenhang mit den Informationen stehen, die in diesem Buch enthalten sind.

Originalausgabe
1. Auflage 2020

Nymphenburger Straße 86
D-80636 München
Tel.: 089 651285-0
Fax: 089 652096

Redaktion: Susanne Meinrenken
Umschlaggestaltung: Maria Verdorfer
Umschlagabbildung: Shutterstock.com/IgorAleks
Satz: Helmut Schaffer, Hofheim a. Ts.
Druck: Florjancic Tisk d.o.o., Slowenien
Printed in the EU

ISBN Print 978-3-7474-0172-9
ISBN E-Book (PDF) 978-3-96121-542-3
ISBN E-Book (EPUB, Mobi) 978-3-96121-543-0

Für Christian

Inhalt

Zwischen dem, was gesagt, aber nicht gemeint ist,
und dem, was gemeint, aber nicht gesagt ist,
geht die meiste Liebe verloren.

Khalil Gibran

EINLEITUNG

In einem Augenblick

»Es gibt ein Vorher und ein Nachher. Es gibt einen Tag, einen Augenblick, in dem ein Leben abrupt endet und ein neues beginnt. In dem, ohne, dass man bemerkt, was eigentlich vorgeht, das Leben anders wird.« Diese Zeilen stammen aus dem Buch »In einem Augenblick«[1]. Geschrieben haben es Hasso von Bredow und seine Frau Catherine. Er, Hasso von Bredow, hatte einen Schlaganfall und litt von da an am sogenannten »Locked-in-Syndrom«. Diese Behinderung sorgte dafür, dass er in sich eingeschlossen war und keine Möglichkeit mehr hatte, mit seiner Außenwelt zu kommunizieren. Erst einmal zumindest. Denn mithilfe seiner Frau Catherine gelang das quasi Unmögliche: Sie schrieben gemeinsam ein Buch über diese tragische Lebensgeschichte.

Auf der Suche nach passenden Worten, mit denen ich meine Leser an *»das Leid der anderen«* heranführen könnte, kam mir wieder dieses Buch in den Sinn. Damals war es kein so wichtiges Thema für mich, aber doch eines, was sich hartnäckig in meinem Hinterkopf festsetzte. *»Vom Glück und Schmerz, sich um andere zu kümmern«* handelt dieses Buch, und das geht auch ein bisschen weniger dramatisch, dafür aber immer mit derselben Betroffenheit für alle Beteiligten ab.

Es gibt unzählige Diagnosen, ganz abgesehen von Schlaganfall oder Herzinfarkt, Krebs oder Multiple Sklerose, die das Potenzial haben einem scheinbar gesunden Menschen das Stoppschild zu zeigen. »Von der Überholspur auf die Kriechspur«, schrieb Hasso von Bredow in seinem Buch – und jeder, der das liest, bekommt ganz automatisch ein Gespür dafür, was es bedeutet. Dieses plötzliche *Ausgebremst werden*, wenn das Leben gerade so gut läuft, dafür braucht es nicht viel.

1 von Bredow H. und von Bredow C. In einem Augenblick. München: Südwest, 2009.

Es gilt für sehr viele Erkrankungen, körperliche und psychische, häufig chronische, die das Leben verändern – und zwar nicht nur das Leben des Betroffenen selbst, sondern gleichermaßen das der Familie, der Partner, der Kinder und des Umfelds.

Bei den meisten Krankheitsbildern stehen die Betroffenen im Mittelpunkt. Logisch, denn es geht um ihre Gesundheit, ihre Schmerzen – ja, und auch um ihre Zukunft. Die Angehörigen stehen daneben und sind doch mittendrin. Auch ihr Leben verändert sich ad hoc, von der Schockstarre der Diagnose über die notwendigen Anpassungen von Zeit und Lebensraum bis hin zur Verantwortungsübernahme, die sie so vielleicht nie gewollt haben. Sie können nicht mehr so frei agieren, eigene Entscheidungen werden auf das Egoismus-Potenzial abgecheckt und überhaupt ordnen sie sich überwiegend unter: Unter die Bedürfnisse des Erkrankten, seine Vorlieben und Launen, seinen notwendigen neuen Lebensstil mit all seinen Einschränkungen und Geboten. Hört sich gruselig an? Ist es aber nicht, denn man macht es ja gern. Aus Liebe und Verbundenheit und auch, weil man sich in der Rolle des unentbehrlichen Unterstützers gefällt.

Und weil das so ist, rutscht man ganz nebenbei in die *Pflegefalle,* wobei *Pflege* hier nicht (unbedingt) wortwörtlich zu nehmen ist, sondern mehr für die Rolle des »Sorge-Tragenden«, des »Sich-Kümmernden«, des stets »Mut-Machenden« steht: der Mensch, an dessen Seite man durch gute und schlechte Zeiten eben gemeinsam geht.

Das Leid des einen ist die Sorge des anderen

Eine schwere Erkrankung, eine fatale Diagnose oder ein Unfall belastet oft nicht nur das Leben der direkt betroffenen Menschen – sie ist auch eine Belastung für die ganze Familie und das nahe Umfeld. Wenn Ihr Partner/Ihre Partnerin oder Ihre Mutter/Ihr Vater erkrankt, hat das enorme Auswirkungen auf Sie und Ihre psychische (und physische) Gesundheit. Es ist normal, dass man sich viele Sorgen und Gedanken macht, ob ums Geld oder das soziale Umfeld oder sogar um das Leben dieser Person, die Ihnen so am Herzen liegt. Wird das eigene Leben völlig durch die Krankheit des Angehörigen gesteuert, kommt mir immer der Begriff »Co-Erkrankter« in den Sinn. Zugegeben, das Wort ist ein wenig ungelenk. Aber aus eigener Erfahrung weiß ich, dass die Krankheit des einen auch den anderen krank machen kann. Und wenn sie nicht gleich krank macht, so hat diese abrupte Richtungsänderung im Lebenslauf doch das Potenzial, eine Existenz in den Grundfesten zu erschüttern.

Diesen fatalen Zusammenhängen verschließt sich die klassische Medizin noch allzu gerne. Zwar hat sich der Begriff der *Co-Abhängigkeit* für die Angehörigen von Suchterkrankten etabliert, doch dass abertausende Menschen durch eine *Co-Erkrankung* belastet sind, will niemand so gerne hören. Dabei wäre es so wichtig, sich abgesehen von *Angehörigen-Seiten im Internet* etwas selbstbewusster darzustellen.

Denn: So wie sich das Leben eines chronisch (oder akut) Erkrankten verändert, so verändert sich auch das Leben der Menschen, die ihm am nächsten stehen. Es geht nicht um pflegerische Leistungen und medizinische Hilfestellung, sondern um den ganz alltäglichen Umgang mit einem geliebten Menschen, der nicht mehr so ist, wie er einmal war. Und dem man noch nicht einmal einen Vorwurf daraus machen kann (oder darf), dass er mit seiner Erkrankung solch ein dramatisches Umdenken in Gang setzt.

Wenn Sie betroffen sind, dann erkennen Sie sich hier wieder: Co-Erkrankte sind Menschen, die (z.B. beim Arzt oder gegenüber Freunden) partout nicht über sich selbst sprechen, sondern nur über den Partner, die immer wieder zu ihm hinlenken, alles vom Partner abhängig machen und sogar Sätze sagen wie: »Wenn ich nicht da wäre, würde alles zusammenbrechen.« Selbst wenn man so etwas nur denkt, kann man ziemlich sicher von einer *Co-Erkrankung* ausgehen.

Mit gehangen, mit gefangen, behauptet der Volksmund und meint damit, dass man zum falschen Zeitpunkt am falschen Ort mitverantwortlich ist, für das, was geschieht. Co-Erkrankte kennen dieses Schuldbewusstsein nur allzu gut. Sie können zwar nichts dafür, tragen aber trotzdem die Verantwortung – zumindest fühlt es sich so an.

Ziel des Buchs soll es also sein, diese betroffenen Angehörigen wieder zu sich selbst zurückzuführen. Und glauben Sie mir: Dieser Weg wird kein leichter sein.

Im amerikanischen Sprachgebrauch gibt es den Begriff der Beholder's disease. Dort wird er überwiegend für die Angehörigen von Menschen mit Demenz verwendet, die durch die Pflege selbst auch körperlich belastet sind. Es gilt als die Erkrankung derer, die *zuschauen* müssen – ohne aktiv etwas tun zu können, um den Krankheitsverlauf zu stoppen. Nun gilt dies leider nicht nur für diese Angehörigengruppe, sondern für viele andere, deren Liebsten zwar nicht (unbedingt) an Demenz erkrankt sind, aber trotzdem ein schweres Schicksal tragen. Es hat auch nichts mit dem Alter zu tun, sondern kann einfach jeden treffen. Von der Überholspur des Lebens auf die Kriechspur eben.

Warum gerade ich? Warum gerade wir?

Dieses Buch wird – unabhängig von den verschiedenen Diagnosen des Erkrankten – versuchen, Antworten auf die unzähligen Fragen zu geben. Eine davon kann niemand beantworten, und das ist die Frage nach dem »Warum«. In der Situation, in der Sie sich jetzt befinden, gibt es darauf keine Antwort. Zumindest keine, die ohne Karma als mieser Verräter und andere Schuldzuweisungen auskommt.

In früheren Zeiten (und anderen Kulturen) neigte man dazu, die Krankheit als ein Fluch der Götter aufzufassen, manchmal als Heimsuchung böser Geister, Dämonen oder Hexen. Egal wer, egal was, Hauptsache man war nicht selbst für sein Schicksal verantwortlich. Heute wird die Ursache für eine Erkrankung nur noch eher selten durch solche Einflüsse erklärt. Immer wird nach ganz persönlichen Ursachen gesucht. Indirekt steht damit der Erkrankte selbst zur Disposition: Hat er zu viel geraucht, getrunken und gegessen? Oder anders herum: Hat er sich zu wenig bewegt, zu wenig geschlafen oder doch zu wenig auf eine ausgeglichene Work-life-Balance geachtet? Und im Zweifelsfall sind dann die Angehörigen schuld, weil sie es eben nicht früher gemerkt haben, dass da gesundheitlich etwas aus dem Ruder gelaufen ist.

Aber das Leben ist nun mal kein Wunschkonzert und mit einer völlig überflüssigen Diskussion um die maßgebliche Schuld lohnt die Auseinandersetzung kaum. Und Fehler aus der Vergangenheit für die jetzige Situation verantwortlich zu machen hilft keinem wirklich weiter. Einen Schuldigen gibt es nicht.

Ein schweres Schicksal, wie das einer lebensverändernden Erkrankung, hinterlässt oft das Gefühl des Versagens – und zwar sowohl auf der Seite des Betroffenen wie auch auf der Seite der Angehörigen. In solchen nicht immer ausgesprochenen Vorwürfen zeigen sich Spuren einer (oft religiös oder anerzogenen) Schuldkultur, die Krankheit als Bestrafung für Sünden und einen unsteten Lebenswandel auffasst. Im Wesentlichen ist die Krankheit aber der Kontrapunkt zu einem selbstbestimmten Leben. Ein gesundes, erfolgreiches Leben wird mit Schlagworten wie Kontrolle, Autonomie und Selbstverantwortung gleichgesetzt. Insofern erleben viele Betroffene und ihre Angehörigen die Erkrankung als beschämend, als persönliches Versagen und ein Indiz des Scheiterns.

Wie schon gesagt: Es gibt ein Vorher und ein Nachher. Die Ursachenforschung, verbunden mit der Warum-Frage, ist insofern obsolet. Nun, um ehrlich zu sein: Im Nachhinein ist man ja immer schlauer – gesetzt den Fall, es wäre wirklich so einfach.

Krankheit als Störfall? Tendenz steigend

Die Zahl der schweren Erkrankungen nimmt zu. Das ist eine statistische Tatsache, die keineswegs beruhigt. Mit den entsprechenden Wahrscheinlichkeitsrechnungen zu jonglieren schürt mehr die Panik, als dass es beruhigt. An Krebs beispielsweise erkrankt laut Statistik jeder Zweite. Da bleibt nicht viel Spielraum für Optimismus. Addiert man die Wahrscheinlichkeiten anderer (auch chronischer) Krankheiten und psychischer Störungen hinzu, hat demnach jeder irgendetwas – und wenn man nicht selbst erkrankt, ist man doch ziemlich nah dran.

Warum das so ist, darüber mag man spekulieren: Vielleicht liegt es nicht an der Krankheit, sondern daran, dass wir durch die Fortschritte in der Medizin und der Hygiene inzwischen so alt und damit immer anfälliger werden, sodass wir überhaupt erst so krank werden können.

Aber – Hand aufs Herz – diese Relativierung hilft demjenigen, der mit der Diagnose vor dem Arztschreibtisch sitzt, kein bisschen, und dem

Angehörigen, der dabei seine Hand hält, auch nicht. Schwer zu verkraftende Diagnosen treffen immer mehrere Menschen zugleich. Das ist nicht leicht, für keinen der Beteiligten. Als Lebenspartner, Familienmitglied oder Freund hat man jedoch – im Gegensatz zum Erkrankten – die Wahl, ob man mitleidet oder mitfühlt. Denn genau das macht den Unterschied. Während Mitleid ein statisches Gefühl ist, das keinerlei Aktivität und auch keinen Mut erfordert, führt hingegen Mitgefühl dazu, dass wir das Leiden des Erkrankten nachempfinden und daraus den Mut generieren können, gemeinsam gegen die Krankheit und ihre Folgen zu kämpfen.

Und wenn auch das Spektrum der auslösenden akuten und chronischen Erkrankungen so breit gefächert ist, sind doch die Reaktionen der Angehörigen immer ziemlich ähnlich. Von einem Augenblick zum nächsten werden sie zum *Fels in der Brandung*, Hoffnungsträger, Schuldigen, Verantwortlichen … und dieses Buch will Ihnen helfen, sich bei all den Anforderungen nicht selbst zu verlieren.

Von der Augenhöhe in die Schieflage

Dieses Buch folgt einer gewissen Chronologie: Vom Augenblick der Diagnose oder des lebensverändernden Ereignisses (wie beispielsweise eines Unfalls) durch die Phase der Verleugnung und abrupten Veränderung hin zur Akzeptanz und Neuorientierung. Selbst wenn sich dieser Ablauf irgendwie hoffnungsvoll anhört, so ist es das nur ganz selten. Denn Phasen der Akzeptanz und Neuorientierung folgen nicht selten Rückschläge, Rezidive beim Krebs, Schübe bei der Multiplen Sklerose oder einer Depression. Nicht selten ziehen zudem die oft zahlreichen Medikamente, die genommen werden müssen, einen ganzen Rattenschwanz neuer Beschwerden nach sich, sodass ein Silberstreif am Horizont der Normalität schnell mal wieder der düsteren Wolke der Verunsicherung weicht. Wie gesagt: Es gibt ein Vorher und ein Nachher – nur ein Zurück gibt es nicht.

Es ist die Diskrepanz zwischen Wunsch und Wirklichkeit, die co-erkrankte Angehörige förmlich zerreißt. Hat man sich gerade mal mit einer

Situation arrangiert, tauchen schon wieder neue Anforderungen auf, die eine Anpassungsleistung erfordern. Überrascht stellt man dabei fest, dass man sich die immer gleichen Fragen stellt und dabei auch mit den eigenen Gefühlen, Lebenseinstellungen und Zielen in Berührung kommt.

Was bedeutet **seine** Erkrankung für **unser** Leben? Welche Konsequenzen ergeben sich daraus für **meine** Zukunft?

Wie gehen **wir** prinzipiell mit der Endlichkeit des Lebens und dem Tod um? Gibt es bei solch einer individuellen Frage überhaupt einen gemeinsamen Nenner? Wer **führt** und wer **folgt** in der Beziehung?

Woraus schöpfen wir die Kraft? Gewinnen wir Energie? Beide gemeinsam oder jeder auf eine andere Art und Weise?

Und schließlich: Stellt **seine** Erkrankung **unser** Lebenskonzept infrage? Darf man überhaupt beides so eng miteinander verknüpfen, ohne sich selbst dabei zu verlieren?

Wundersamer Weise stellt man sich solche Fragen viel zu selten. Das liegt unter anderen daran, dass wir uns (manchmal schneller als gedacht) an die gegebenen Umstände anpassen. Was gestern noch unvorstellbar war, ist heute zwar gewöhnungsbedürftig, aber morgen schon ganz normal. Das ureigene Bewertungssystem, über das jeder Mensch verfügt, verschiebt sich fast unmerklich. Wer da nicht aufpasst, gerät ganz schnell in eine fatale Abhängigkeit, sodass sich auch im eigenen Leben alles nur noch um die Krankheit des anderen dreht.

In einer stabilen Beziehung auf Augenhöhe gibt es eine ausgeglichene Bilanz zwischen Geben und Nehmen. Für eine begrenzte Zeitspanne ist das kein Thema. Hält der Zustand der Unausgeglichenheit jedoch an, entsteht in dem Paarsystem eine dauerhafte Schieflage. Im Spannungsfeld zwischen dem Geben und dem Nehmen machen sich beim helfenden Part zunehmend Gefühle von Unzufriedenheit und Ausweglosigkeit breit. Dieser Konflikt läuft unterschwellig, wird (aus Rücksicht auf den Betroffenen) nicht offengelegt. Viel zu lange versucht der Gesunde, die Schieflage unter großer Anstrengung auszugleichen, was kräftemäßig mehr und mehr an seine Substanz geht.

Dieses Buch soll Ihnen helfen, diese Veränderungen rechtzeitig zu erkennen und entsprechend wirkungsvoll gegenzusteuern. Denn: Helfen kann nur der, der sich selbst helfen kann. Die folgenden Seiten sollen Sie darin unterstützen, Ihre eigene Position zu erkennen, zu korrigieren und möglichen gesundheitlichen Konsequenzen vorzubeugen.

Jede Beziehung ist einzigartig

Es ist immer schwierig, in einem Buch (mit begrenzter Seitenzahl) jedem Leser und jeder Leserin gerecht zu werden. Das beginnt bereits mit der Ansprache. Ob der Betroffene oder die Betroffene, der Freund oder die Freundin, der Partner oder die Partnerin – zumeist wurde im Buch die männliche Variante gewählt, um mir das Schreiben und Ihnen das Lesen zu erleichtern.

Im Bemühen darum, möglichst viele Menschen zu erreichen, niemanden auszugrenzen oder ein Ungleichgewicht herbeizuführen, wird immer Bezug auf eine oder mehrere Erkrankungen genommen. Es war allerdings nicht möglich, auf alle Diagnosen und schicksalhaften Wendungen des Lebens einzugehen.

Jede Beziehung unter Menschen ist einzigartig. Wie man zueinander steht, wird heute mehr denn je nicht mehr allein durch die Familienverhältnisse festgelegt. Es gibt zunehmend *Wahlverwandtschaften*, die sich im Krankheitsfall oft als wesentlich tragfähiger erweisen als es *Familienbande* können.

Auch das Alter des Betroffenen und derer, die sich kümmern, spielt eine Rolle. Es geht zwar auch – aber nicht ausschließlich – um das Zusammenleben und würdige Begleiten von Eltern oder Großeltern durch ihre Kinder und Enkel, wird aber zumeist nicht explizit thematisiert. Denn das Altern per se ist keine Krankheit, sondern der natürliche Verlauf des Lebens. Trotzdem gibt es sehr viele Verknüpfungspunkte in diesem Buch, die das nicht außer Acht lassen.

Es ist natürlich ein Unterschied, ob ein junger Mensch erkrankt oder ein alter. Die Senioren haben im besten Fall bereits vor der Diagnose ein erfülltes Leben gehabt und es genossen. Sie sind reich an Erinnerungen und Erfahrungen, die es ein Stück weit leichter machen, mit Krankheit und Einschränkungen umzugehen. Junge Menschen stehen erst am Anfang. Mit einer fatalen Diagnose rücken Träume und Wünsche ad hoc in unerreichbare Ferne, bekommt das Wort *Zukunft* einen mitunter bitteren Beigeschmack.

Die Beziehungen zum Betroffenen sind also von den verschiedensten Faktoren beeinflusst. Dieses Buch ist zumindest ein Versuch, möglichst vielen Beziehungskonstellationen gerecht zu werden.

Vom Glück und Schmerz, sich um andere zu kümmern

In diesem Buch geht es um das Spannungsfeld zwischen extremen Gefühlen. Es geht um Glück und um Schmerz. Damit wird zugleich das größte Tabu in Worte gefasst, denn die Gefühle geraten dermaßen unter Druck, dass oft das (gemeinsame) Schweigen jegliche Kommunikation zum Stillstand bringt. Durch die Krankheit des einen wird auch der andere einsam. Und eben diese Isolation ist es, die solch ein schweres Schicksal nur noch viel aussichtsloser erscheinen lässt. Insofern kann dieses Buch Ihnen hoffentlich helfen, sich zu öffnen und wieder miteinander ins Gespräch zu kommen.

KAPITEL 1

Der Diagnose-Schock und seine Folgen

»Du bist mein ganzes Herz, Du bist mein Reim auf Schmerz«, singt Heinz Rudolf Kunze, und darin ist mehr als ein Fünkchen Wahrheit. Denn in der Tat denken die meisten Angehörigen (insbesondere Lebens- und Liebespartner) von schwer Erkrankten keine Sekunde an Flucht. Sie sind einfach da und würden alles tun, um den Schmerz des anderen in diesem Augenblick zu lindern.

In solch einer Ausnahmesituation kann es passieren, dass Angetraute und Weggefährten manchmal mehr geben, als sie können. Sie tun es aus Liebe und Mitgefühl, manchmal auch aus einem Reflex heraus. Dabei ist es so wichtig, sich der Grenzen der eigenen Kräfte bewusst zu werden und mit ihnen hauszuhalten. Denn: Nur wer sich um sich selbst kümmert, kann auch für den anderen da sein.

Positionsbestimmung

Es braucht nicht viel, um ein Leben grundlegend zu verändern. Ein unachtsamer Moment im Straßenverkehr, der einen fatalen Crash zur Folge hat. Eine Mutation der Gene, die man noch nicht einmal beeinflussen kann. Der Stoffwechsel, der entgleist, oder ein Organ, das versagt. Ein Herz, das aus dem Takt gerät, oder ein verstopftes Gefäß, das einen Schlaganfall auslöst. Manchmal ist es auch nur eine rätselhafte Verkettung unglücklicher Umstände, die zum Eklat führt. Hochdramatisch oder ganz nebenbei findet man sich in einer Situation wieder, die man bislang nicht für möglich gehalten hat. Nahestehende Angehörige werden dadurch in die Position des Krisenmanagers befördert – Widerspruch zwecklos.

Das Risiko, ernsthaft zu erkranken, wächst mit dem Alter, ist aber keineswegs nur allein davon abhängig. Manchmal ist es eine scheinbare Laune der Natur, die aus einem gesunden Menschen eben einen kranken werden lässt. Auch dass es *plötzlich* geschieht, ist kein Alleinstellungsmerkmal. Insbesondere chronische Erkrankungen schleichen sich oft über Jahre hinweg lautlos und unbemerkt in das Leben der Betroffenen. Nicht immer hätte man durch eine gesunde Lebensweise dagegensteuern können; nicht immer gibt es den *einen Schuldigen*, der dafür verantwortlich ist.

Wann immer so etwas passiert oder eine fatale Diagnose gestellt wird, gibt es den Betroffenen selbst, der das Leid zu tragen hat, und es gibt die anderen, die danebenstehen, und im besten Fall seine Hand halten, so als ob sie dadurch die Wucht des Diagnose-Schocks abfedern könnten. Es sind Ehefrauen oder Ehemänner, Lebenspartner oder Freunde, Eltern oder erwachsene Kinder, die vielleicht für einen Moment sprachlos sind, dann aber dem Betroffenen *beistehen*. Was auch immer die Betroffenen mit den Angehörigen verbindet, es geht immer um Beziehungen, die im Idealfall von Zuneigung getragen sind. Es geht um Vertrauen und Verantwortung, die man eben füreinander empfindet, wenn man sich schon so lange Zeit kennt.

Wenn in der Folge häufig von *Liebe* gesprochen wird, so geht es dabei um intensive Zuneigung in ihren unterschiedlichsten Formen. Liebe ist nicht nur das, was eine romantisch-erotische Beziehung ausmacht. Liebe ist auch das, was Eltern und Kinder oder Kinder mit Eltern verbindet. Über Liebe an sich spricht man in Bezug auf Freundschaften nur eher selten, und doch sind auch diese innigen Verbindungen den Gesetzen von Nähe und Vertrauen unterworfen. Ja, manchmal halten Freundschaften länger als romantische Beziehungen, weil sie eben frei sind vom Anspruchsdenken und anderen Abhängigkeiten. Im Fall eines Notfalls erkennt man oft erst, auf wen man sich verlassen kann und wer im Zweifelsfall die Flucht ergreift.

Über die Macht der Liebe und ihre notwendigen Grenzen

Wer das Wort *Liebe* hört (oder liest), der hat zumeist eine gewisse Vorstellung davon, was gemeint ist. Die persönliche Definition ist eine Mischung aus eigenen Erfahrungen und individuellen Vorstellungen, verbunden mit der aktuellen Lebenssituation.

Zunächst einmal wird Liebe fast immer als Synonym von Glück gesehen, sie scheint ein Garant dafür zu sein, dass man nicht alleine dasteht, wenn's drauf ankommt.

Liebe zu empfinden hat auch etwas mit Chemie zu tun. Die Chemie muss stimmen, damit sich überhaupt zwei Menschen füreinander interessieren. Wahre Liebe und echte Zuneigung entsteht, wenn *Oxytocin* ins Spiel kommt. Dieses wird auch als *Bindungshormon* bezeichnet, denn der Anstieg dieser Hormonproduktion wird beispielsweise auch in Verbindung mit der Geburt eines Kindes beobachtet und sorgt für eine innige Liebe zwischen Eltern und Kindern. Oxytocin ist für alle Menschen eine ganz wohltuende Hormondosis, die man sich immer und jederzeit auch selbst *verordnen* kann: So entsteht ein wohliges Gefühl von Zuneigung, wenn man in treue Hundeaugen blickt oder seine Hände in ein kuscheliges Katzenfell vergräbt. Andere wiederum empfinden solche Verbundenheit im Glauben an Gott und durch die Zwiesprache mit ihm im Gebet. Auch Nächstenliebe und tiefe Freundschaft setzt Bindungshormone frei. Hält jemand unsere Hand, fühlen wir uns gleich sicher aufgehoben.

Wahre Liebe zeichnet sich auch dadurch aus, dass wir eine tiefe Verbundenheit verspüren und ein Zusammengehörigkeitsgefühl entwickeln. So werden Beziehungen und Freundschaften stabiler und vertrauensvoller, wir lieben den anderen, für das, was er ist. Um dieses wohlige Gefühl des Zusammenstehens zu bewahren, schleicht sich ganz unbemerkt die Sorge um das Wohl des anderen ins Leben. Gegenseitige Fürsorge ist ein Merkmal echter Freundschaft oder solider Familienbande. Wer jetzt darüber ins Zweifeln gerät, ob auch er zu den Glücklichen gehört, der in schwierigen Zeiten auf ein liebendes Umfeld zurückgreifen kann, der sollte sich die Voraussetzungen dafür mal ganz genau anschauen. Denn es braucht Selbstliebe und Freiheit, damit Zuwendung gedeihen kann.

Liebe dich selbst – und dann deinen Nächsten

Eine Frechheit, ich weiß: Gerade in der Situation, in denen Sie ein Angehöriger (Freund, Eltern, Kinder, Liebes- oder Lebenspartner) so dringend braucht, werden Sie aufgefordert, an sich selbst zu denken – und erst dann an den Nächsten. Aber das hat durchaus seinen Grund.

Der Psychoanalytiker Erich Fromm beschreibt die *Liebe zu sich selbst* als wichtigste Voraussetzung dafür, überhaupt lieben zu können. Vereinfacht ausgedrückt: Wir können nur geben, was wir selbst besitzen. Unser Selbstwertgefühl bestimmt dabei nicht nur, wie wir uns selbst sehen, sondern auch, wie wir mit anderen Menschen umgehen. Und darum geht es ja gerade jetzt in diesem Moment. Für eine funktionierende Beziehung, gleich welcher Gestalt, ist es daher genauso wichtig, seine eigenen Bedürfnisse zu kennen und für diese einzustehen.

Selbstliebe klingt irgendwie auch ein bisschen egoistisch, darf allerdings keinesfalls mit *Narzissmus* verwechselt werden. Als narzisstisch werden Menschen bezeichnet, die sich selbst für wichtiger und wertvoller als andere halten und dementsprechend selbstverliebt denken und handeln. Narzisstische Persönlichkeiten überspielen mit ihrem Gehabe ihre eigene Unsicherheit und sind permanent auf Bestätigung und Bewunderung von außen angewiesen. Das braucht kein Mensch, vor allem nicht dann, wenn er selbst von einem schweren Schicksalsschlag gebeutelt am Boden liegt.

Was Betroffene jedoch brauchen, sind Menschen, die sich selbst mit allen Stärken und Schwächen wertschätzen. Daraus erwächst nämlich die Fähigkeit, Verständnis für andere Menschen und deren Gefühle zu zeigen. In der Tat ist es sogar noch ein bisschen mehr: Denn nur wer sich selbst annehmen kann, wie er ist, entwickelt ein gesundes Selbstvertrauen. Aus dieser Position heraus kann er Vertrauen gegenüber anderen zeigen und ihnen Stärke geben. Und genau darauf kommt es jetzt an.

Und um all das zu kommunizieren, braucht es gute Gespräche – und manchmal auch gemeinsames Schweigen. Gegenseitiger Respekt ist der Schlüssel für eine lang anhaltende Beziehung.

Die Liebe ist ein Kind der Freiheit …

… und verträgt sich gar nicht gut mit Abhängigkeit. Gerade jetzt sollten Sie mal darüber nachdenken, denn Freiheit ist etwas, was in Liebesbeziehungen einen faden Beigeschmack hat. In allen anderen Beziehungen (Eltern zu Kindern und unter Freunden) ist es (fast) kein Thema, denn Loslassen und die Veränderungen des anderen mitzutragen bzw. ihn zu unterstützen wird als normal angesehen. Bei Liebesbeziehungen wird die Messlatte des gegenseitigen Vertrauens oft ein ganzes Stück höher aufgehängt. Denn so sehr man auch miteinander verbunden ist, jeder ist und bleibt doch ein Individuum mit ganz persönlichen Interessen und Bedürfnissen. Diese Freiheit muss bewahrt und gleichermaßen gepflegt werden.

Damit die Liebe bleibt, dürfen die Partner (seien es die Erkrankten oder auch deren Angehörige) nicht das Gefühl von Abhängigkeit bekommen. Gerade in Zeiten der Veränderung ist das eine besonders große Herausforderung. Denn Paare bewegen sich in Phasen von Krankheit und notwendiger Fürsorge stets an der Grenze zur Abhängigkeit des einen oder des anderen Partners. Die Kombination von Liebe und Abhängigkeit kann fatal sein, weil dadurch die Beziehung zur lästigen Pflicht wird.

Liebe, Vertrauen und Fürsorge sollen nicht egoistisch sein, vielmehr leben sie vom Geben. Beide Seiten müssen bereit sein zu geben, sich um die Bedürfnisse des anderen zu kümmern und Kompromisse einzugehen. Dabei dürfen aber die eigenen Bedürfnisse keinesfalls in den Hintergrund geraten. In guten wie in schlechten Tagen, durch dick und dünn eben …

Beziehungen in Zeiten der Veränderung

Liebe und Zuneigung bedeuten auch, dass wir ein stetig zunehmendes Interesse am Wohlergehen des anderen haben. Schließlich soll ja alles so bleiben, wie es war. Doch manchmal ist es gerade diese gegenseitige Fürsorge, die einerseits das exklusive Kennzeichen einer stabilen Beziehung ist, die sie andererseits aber auch unter Druck bringen kann. Denn wenn sich die Umstände ändern, ändern sich auch die Gefühle füreinander. Das sieht man deutlich an Eltern-Kind-Beziehungen, die sich mit zunehmendem Alter (auf beiden Seiten) immer wieder neu anpassen.

Doch Veränderungen per se werden auch als bedrohlich empfunden – so ist es, wenn ein Mensch, der einem nahesteht, schwerwiegend erkrankt. Dann spüren wir die Konsequenz ganz unmittelbar. Das überwältigende Gefühl der Liebe, der Zuneigung oder der Sorge stemmt sich gegen die anstehende Veränderung. Man möchte einfach nicht, dass so etwas passiert. Ja mehr noch: Man möchte, dass alles bleibt wie es ist bzw. war. Liebesbeteuerungen in gerade solch einem Moment scheinen vielleicht völlig unlogisch – und doch wird dem Gefühl der Liebe und ehrlichen Zuneigung eine gewisse Macht zugeschrieben. Schließlich heilt sie ja auch alle Wunden: die eigenen und die der anderen.

Aber Liebe wird häufig unter dem Aspekt gegenseitiger Verpflichtung betrachtet. Aus Liebe wächst Verantwortung. Das gilt in besonderem Maß für alte Eltern und erwachsene Kinder. Es zeigt sich aber auch im Eheversprechen oder durch verschiedene andere Loyalitätsbekundungen. Zueinanderstehen, in Freud und Leid an der Seite des anderen sein: So sieht Liebe aus ... denkt man. Aber es ist ein bisschen anders, denn dieses *Füreinander da sein* ist das Produkt der Liebe. Es ist das, was aus ihr folgt und nicht das, was Liebe ist.

Liebe als Synonym für Glück ist schlussendlich nicht mehr als eine Ansammlung schöner, gemeinsamer Erinnerungen. Augenblicke, in denen Zuneigung und Verbundenheit spürbar werden. Durch die Erkrankung eines Partners (Elternteils oder Freundes) empfinden wir solche Erinnerungen oft als schmerzhaft, manchmal auch als verletzend. Liebe ist nicht immer leicht, manchmal ist sie sogar eine Bürde.

Unter anderen Umständen

Wenn einer der Partner krank wird, macht man sich automatisch Sorgen. Man hat Angst um den anderen, Angst um sich selbst und Angst, dass man das, was kommt, nicht verkraften kann. Die Gefühle, denen man sich so sicher glaubte, kommen auf den Prüfstand. Dabei stellt man oft erstaunt fest, dass die eigenen Ansprüche an die Leistungs- und Leidensfähigkeit keineswegs so grenzenlos sind wie gedacht.

Insgeheim wissen wir natürlich, dass Zuneigung und gegenseitiges Vertrauen fragile Konstrukte sind, die immer wieder neu auf die Probe gestellt werden. In diesem Sinne werden schwere Diagnosen oft auch als Prüfung verstanden. Und die Frage stellt sich: Können unsere Gefühle diese Krise überstehen? Nicht selten verändert eine Krankheit die Beziehung zueinander. Verändern sich die Umstände, können sich die Gefühle verändern. Wo ein ausgewogenes Gleichgewicht fehlt, verschieben sich die Kräfteverhältnisse, muss von dem einem kompensiert werden, was der andere gerade nicht mehr leisten kann. Wie lange kann das gut gehen?

Perspektivenwechsel

Das Zusammenleben mit einem chronisch erkrankten Angehörigen oder einem Menschen, der eine lebensveränderte Diagnose erhalten hat, ist alles andere als einfach. Der Schock der Diagnose wirkt auf beiden Seiten – nur eben jeweils ein bisschen anders. So individuell wie Menschen nun mal sind, so unterschiedlich gehen sie mit den plötzlichen Veränderungen um. Das gilt für den Betroffenen ebenso wie für sein Umfeld, und je näher man sich steht, desto härter trifft es einen. Nicht umsonst vergleicht man dieses Szenario, das am Anfang einer solchen Veränderung steht, mit einem Schock. Jeder Mensch reagiert naturgemäß unterschiedlich. Deshalb ist es wichtig, den sogenannten *Diagnose-Schock* aus verschiedenen Blickwinkeln zu betrachten.

Der Diagnose-Schock

Aus der Sicht des Betroffenen

Häufig ist es so, dass Betroffene nach einer Diagnose (beispielsweise Krebs, Schlaganfall oder Herzinfarkt) in eine Art *Schockstarre* verfallen. Es ist ein Zustand der inneren Verleugnung, in dem alles um einen herum wie in einem Film abläuft, bei dem man keineswegs gewillt ist, die Hauptrolle zu spielen.

Die spontanen Reaktionen spiegeln auch die Persönlichkeit wider, sind aber nicht ausschließlich von dieser bestimmt. Es gibt ruhige Zeitgenossen, die komplett ausflippen. Oder impulsive Charaktere, die in diesem Augenblick völlig ruhig und konzentriert wirken. Jedenfalls ist nichts so wie erwartet oder wie es offensichtlich scheint.

Tipp für Angehörige

Es ist wichtig zu wissen, dass jede Reaktion eine normale Reaktion ist und dass sich die Einstellung und die Gefühle des Erkrankten im Laufe der Zeit verändern und auch stabilisieren werden.

Der *Schockstarre* nach einer Diagnosestellung folgt ganz häufig die *Verleugnung*. Das ist so ähnlich, wie man es von kleinen Kindern kennt, die sich die Augen zuhalten und dann glauben, dass man sie nicht sieht. Nun ist es natürlich nicht so, dass man Erwachsene, die erfahren, dass sie krank sind, mit kleinen Kindern gleichsetzen könnte. Nur ist es eben ein Verhalten, das uns Menschen in die Wiege gelegt wurde und das in mancher Hinsicht die Verarbeitung überhaupt erst möglich macht – nämlich eine Veränderung so lange zu ignorieren, bis die Seele bereit ist, sie zu akzeptieren. Die Betroffenen *verschließen die Augen vor der Realität.*

Deshalb ist es auch so, dass nach einer schicksalsverändernden Diagnose manche Betroffene gerade so tun, als ob sie schon nach kurzer Zeit ihre Leben wieder so führen könnten wie zuvor. Das ist ein Indiz dafür, dass der Betroffene nicht glauben will, dass es einen solchen lebensverändernden Einschnitt in seinem Leben gegeben hat. Es ist – wie schon beschrieben – dieser Punkt zwischen dem Vorher und Nachher, ein gefühlsmäßiges Vakuum, in dem der Verstand sich noch weigert, sich dem Unausweichlichen zu stellen. Man könnte es auch als eine Art *Selbstschutz* sehen, der immer dann zur Hilfe genommen wird, wenn man glaubt, von dem Verlust und dem damit verbundenen Schmerz übermannt zu werden.

Aus der Sicht des Angehörigen

Im Kopf der Angehörigen geht gerade ebenfalls alles drunter und drüber. Stillhalten oder widersprechen? Auch an sich selbst denken oder nur an den anderen? Gerade in dieser ersten Phase fällt es unendlich schwer, eine ausgewogene Balance zueinander zu finden.

- Die wichtigste Regel im Umgang miteinander: Widersprechen Sie nicht! Stattdessen sollten Sie die Sichtweise des Betroffenen schlicht akzeptieren, so schwer das auch fällt.
- Der Erkrankte hat ein Recht darauf, das Tempo vorzugeben, mit dem Veränderung passiert. Bedrängen Sie ihn nicht – weder mit gut gemeinten Ratschlägen noch mit konkreten Plänen.
- Sie müssen nichts vertuschen, verschleiern oder herunterspielen. All das wäre eine Beleidigung für den Betroffenen. Signalisieren Sie hingegen Gesprächsbereitschaft und bieten Sie an, für ihn da zu sein – zum Reden, zum Zuhören und auch zum Schweigen.
- Wenn Sie ihm jetzt die Hoffnung nehmen, dann schwächen Sie ihn in seinem Lebensmut. Auch Ärzte wissen gewöhnlich bei der schlimmsten körperlichen Verfassung nicht, wie weit der Körper heilen kann und wo er beispielsweise auch alternative Bewältigungsstrategien entwickelt.

Bei vielen Angehörigen stehen ebenfalls Unglaube und Verleugnung im Vordergrund. Sie spiegeln damit quasi die Emotionen des eigentlich Betroffenen und übernehmen sie. Das ist gut, weil es Nähe schafft. Das ist schlecht, weil es auch Distanz schaffen kann. Wie gesagt: Jeder hat sein eigenes Tempo, eine lebensverändernde Diagnose zu verarbeiten.

Verarbeitung – jeder macht's auf seine Weise

Der Diagnose-Schock trifft beide Seiten gleichermaßen, und liebende Partner, Eltern oder erwachsene Kinder suchen stellvertretend für den Betroffenen nach Ausreden und Erklärungen. Das ist normal, denn wenn der Partner, ein Elternteil oder Freund erkrankt, wird das auch von den Nahestehenden als persönliche Niederlage gewertet.

Es gehört zur Verleugnung, so zu denken, denn die Seele lässt eine so dramatische Wahrheit wie eine lebensverändernde Diagnose nur nach und nach ins Bewusstsein eindringen. Es braucht Zeit, die Tatsachen zu verarbeiten. Das Tempo, mit dem die Wahrheit vom Kopf bis zum Herzen kommt, ist individuell unterschiedlich. Die meisten Menschen wollen es *erst einmal* nicht wahrhaben, selbst wenn die Fakten der Diagnose dagegenstehen. Das ist ein natürlicher Schutzmechanismus, wenn man das ganze Ausmaß einer Veränderung noch nicht fassen kann.

Es gibt aber auch Menschen (Betroffene wie Angehörige), die schwerwiegende Diagnosen scheinbar gleichmütig annehmen. Für sie ist es unter Umständen besser, schnellstmöglich Klarheit zu haben, um sich der kommenden Zeit bewusst zu stellen.

Gemeinsam statt einsam?

Den einen gemeinsamen Weg zu finden, wie man am besten mit einer Diagnose umgeht, ist fast unmöglich. So sehr man es sich auch wünscht, die Last gemeinsam zu tragen, so geht das doch nicht. Jeder trägt sein *Bündel* erst einmal allein.

Ich und du, Müllers Kuh ...

Vielleicht kennen Sie den Kinderreim noch aus ihrer Jugend. Damit wurde abgezählt, wer *raus* ist und wer weiterhin *im Spiel bleibt.* Mit der statistischen Wahrscheinlichkeit, so schwer zu erkranken, dass es das eigene Leben verändert, ist es ähnlich. Es gehört zu den Schattenseiten des Lebens (und der Liebe), wenn man erkennt, dass die einen erkranken und die anderen eben nicht. Erkrankt der Partner, ist man als naher Angehöriger oftmals auch froh, dass man selbst nicht betroffen ist. Diesen Gedanken möchte man gar nicht zu Ende denken, aber wer ganz ehrlich ist, hat ihn schon einmal gedacht. Es ist nur ein kurzer Moment des Egoismus, aus Selbstschutz geboren, der solche Überlegungen zulässt.

Eine Spielart dieser egoistischen Gedanken ist es auch, dass man Angst um sich selbst hat, anstatt Angst um den Partner, der ja jetzt eigentlich an erster Stelle der Fürsorge stehen sollte. Es ist die irrationale Furcht, dass das Unglück des einen eines Tages auf Sie selbst *abfärben* könnte oder die unausgesprochene Wut auf den Erkrankten, dass er mit seiner Diagnose auch Ihr Leben in den Grundfesten erschüttert hat.

Ja, es ist ungerecht, aber daran müssen Sie (und auch die Liebe zueinander) nicht zerbrechen.

Im Verhältnis von (alten) Eltern und (erwachsenen) Kindern ist es ein klein wenig anders. Hier steht die Endlichkeit der Beziehung im Raum. Und falls noch nie geschehen, so ist es Zeit für erwachsene Kinder, auch Verantwortung für das eigene Leben zu übernehmen.

Es gehört zum Prozess der Verarbeitung und der damit einhergehenden Veränderung, sich zwischenzeitlich auch auf sich selbst zu besinnen. Allerdings haben Sie es in der Hand, ob Sie aus solchen Gedanken Gräben ziehen oder Brücken bauen.

Den Schmerz annehmen

Es ist möglich, dass Sie Ihre spontane Reaktion auf die Diagnose des Partners (Freundes oder Elternteils) als *unangemessen* empfinden. Vielleicht schämen Sie sich auch, dass Sie auf Distanz gehen, obwohl eigentlich Nähe die *normale* Reaktion wäre. Aber was ist schon *angemessen*? Und was ist *normal*? Wer entscheidet über richtig und falsch?

Vielleicht hilft Ihnen dieses Beispiel, einen Weg aus dem moralischen Dilemma zu finden: Stellen Sie sich vor, Sie stehen in der Küche und bereiten ein Fünf-Gänge-Menü für die ganze Familie vor. Sie erledigen mehrere Sachen quasi gleichzeitig – und vergessen dabei ganz den Milchtopf auf der Herdplatte. Dezenter Geruch von Angebranntem steigt Ihnen in die Nase. Um Schlimmeres zu verhindern, greifen Sie zum Topfdeckel – und zwar ohne Ihre Hand vor dem heißen Dampf zu schützen. Sie zucken zurück, lassen scheppernd den Deckel fallen. Jetzt laufen Sie schnell zum Wasserhahn und kühlen, damit sich die schmerzende Hand beruhigen kann.

Das beschriebene Beispiel ist keine *Küchenpsychologie*, sondern ein ganz pragmatisches Mittel des Überlebens. Jeder von uns hat die Wahl, Schmerz zu ertragen oder ihm aus dem Weg zu gehen. Es ist in den menschlichen Genen verankert und gilt seit der Steinzeit: Flucht oder Angriff, eine andere Wahl der Reaktion auf einen Schreckmoment gibt es nicht. Statistisch gesehen flüchten wir heute noch eher, als dass wir gewillt sind, anzugreifen. Angriff kommt später, erst bringen wir uns selbst in Sicherheit. Das gilt für überkochende Milchtöpfe genauso wie für schwerwiegende Diagnosen.

Die erste Reaktion besteht häufig darin, die Flucht zu ergreifen, was bedeutet, sich zurückzuziehen oder zumindest eher zögerlich zu reagieren. Dieses innere Abstandhalten, sich Distanzieren von der Quelle des Schmerzes kann man als Selbstschutz sehen. Es erscheint ein probates Mittel zu sein, sich selbst das zusätzliche Leiden zu ersparen, das eintreten würde, wenn Sie den Schmerz des anderen zu nah an sich heranlassen.

Doch kaum ist der erste Schreck verdaut, reagieren wir so, wie wir es von uns erwartet haben. Wir gehen zum Angriff über, werden dadurch zum Stellvertreter unseres Liebsten.

Dem Leid mit Liebe begegnen, bedeutet, Mitgefühl zu haben. Dieses empathische Mitfühlen lässt uns mutig und aktiv werden. Es bewegt sich dem Leiden entgegen und ergreift nicht die Flucht. Es sucht Verbundenheit und nicht Distanz. Es lässt uns die Hand des Erkrankten ergreifen, wenn er uns von seinen Problemen oder eben von einer fatalen Diagnose berichtet. Solche mitfühlenden Gesten sind genauso in unseren Genen verankert wie die Flucht.

Mitgefühl – dem Leiden mit Liebe begegnen

Die spontane Reaktion auf die fatale Diagnose eines nahestehenden Menschen ist Mitleid. Doch in der Tat ist genau das etwas, was niemand braucht, schon gar nicht, wenn ihm das Schicksal gerade solch einen Schlag versetzt hat. Betroffene wollen kein Mitleid, aber sie brauchen durchaus Mitgefühl. Oft wird das eine als Synonym für das andere verwendet und niemand macht sich Gedanken über den eklatanten Unterschied zwischen beiden Begriffen.

Das Wort *Mitleid* wirkt immer etwas *von oben herab*. Es ist also ein Gefühl, das zwar suggeriert, dass mitgelitten wird, dass man aber keineswegs die Absicht hat, selbst etwas für den anderen zu tun, um den Zustand zu verändern. Und genau das braucht kein Mensch. Mitleid ist der Stoff, aus dem passive Zuschauer und Besserwisser gemacht sind, nicht aber aktiv handelnde, empathische Weggefährten.

Mitgefühl bedeutet, die Gefühle der anderen nachempfinden zu können. Mitleid bedeutet, selbst Leid zu empfinden. Mitgefühl hingegen ist hilfreich und tut dem anderen gut. Mitleid schadet eher, denn das eigene Leid blockiert die Fähigkeit, sich in andere hineinzuversetzen, und macht es viel schwerer, Lösungsmöglichkeiten zu sehen und sensibel auf den anderen einzugehen.

Mitgefühl ist Liebe. Denn es suggeriert, dass man *mit fühlt* und somit versucht, eine gemeinsame Basis herzustellen. Es ist die Fähigkeit, die Gefühle des betroffenen Partners oder Angehörigen zu verstehen und nachzuvollziehen.

Ohne diese Fähigkeit, sich in den Erkrankten hineinzuversetzen und mit ihm Gefühle zu teilen, kann keine echte Nähe entstehen. Und wo keine Nähe ist, da ist keine Wärme, da ist kein Licht und somit keine *angemessene* Begleitung durch schwierige Lebenslagen. Im Fachjargon nennt man die Fähigkeit, sich in einen anderen Menschen hineinzufühlen, *Empathie*.

Empathie hat seine Basis im Verstehen

Mit einer konkreten Definition des Begriffs *Empathie* tut man sich allerdings hinlänglich schwer, da jeder Mensch es für sich (abhängig vom Kontext) ein klein wenig anders versteht. Der kleinste gemeinsame Nenner bezeichnet Empathie als die Fähigkeit, wahrzunehmen, was in einem anderen vorgeht. Wer daran ehrlich interessiert ist, der sollte die eigenen Befindlichkeiten hintanstellen und genau hinschauen. Dazu gehört auch, vorgefasste Meinungen (beispielsweise über gewisse Krankheitsbilder) und Vorstellungen (beispielsweise wie man mit einer Diagnose umzugehen hat), beiseitezuschieben – dafür aber genau hinzuschauen und zuzuhören. Tut man das nicht, schiebt sich bei der inneren Betrachtung immer wieder das eigene, subjektive Bild vor das objektive Geschehen. So kann keine Nähe entstehen, sondern nur Distanz aufgebaut werden.

Empathie bedeutet unter anderem auch, die Gründe für das Verhalten des anderen zu verstehen. Selbst wenn man den Betroffenen schon lange kennt, kann man manchmal seine Reaktion auf die Diagnose nicht nachvollziehen. Anstatt richtig zuzuhören, was er zu sagen hat, versucht man, seine Bedenken durch Phrasen zu entkräften. Besser wäre es, offene Fragen zu stellen, um mehr über die Beweggründe des anderen herauszufinden. Achten Sie jedoch darauf, dass Ihre Fragen nicht übergriffig oder vorwurfsvoll klingen. Neugier hingegen ist durchaus erlaubt. Wenn der Erkrankte bereit ist, Ihnen zu antworten, werden Sie viele wichtige Dinge über ihn lernen und ihn in Zukunft besser verstehen. Das ist so wichtig, weil sich Menschen auch durch eine Krankheit stetig verändern und sich teils mit neuen Fakten auseinandersetzen müssen, die sie bislang nie interessiert haben.

Wie irritierend Diagnosen und damit verbunden eine Lebensumstellung sein können, weiß niemand so genau, es sei denn, es betrifft einen ganz unmittelbar. Dann ist es wichtig, sich damit auseinanderzusetzen, um Gefühle *zu sortieren*. Empathie ist auch Selbstreflexion. Wenn Sie sich selbst nicht sicher sind, wie Sie mit der neuen Situation umgehen sollen (vgl. oben), dann sind Sie quasi *blind* für die Gefühle des anderen. Geben Sie sich Zeit, die Dinge klarer zu sehen.

- Beginnen Sie deshalb bei sich selbst: Beobachten Sie Ihre Gefühle und versuchen Sie, die Auslöser zu erkennen. Wie zeigen Sie Ihre Gefühle nach außen? Je näher Sie dem Betroffenen stehen, desto höher ist die Chance, dass sich Ihre Emotionen ähnlich äußern.
- Im nächsten Schritt können Sie sich dann fragen: Was brauche ich in bestimmten Situationen? Natürlich können die Bedürfnisse eines anderen Menschen sich deutlich von den Ihren unterscheiden. Aber wer diese Frage ernst nimmt, bekommt eine Idee davon, wie er auch besser für sich selbst sorgen kann. Das ist nicht nur eine wichtige Erkenntnis in Bezug auf die Empathie, sondern gleichermaßen dafür, wie man selbst die ideale Balance zwischen dem so wichtigen Geben und Nehmen findet.

Sich für andere zu interessieren, ist ganz eng mit Empathie verbunden. Erkundigen Sie sich mit echtem Interesse, wie es dem anderen geht, was ihn gerade bewegt, was er gerne mag und was er für sich ablehnt. Lernen sie Ihren Partner in der Krankheit ein Stück weit besser kennen, dann fällt es Ihnen auch viel leichter, sich in ihn hineinzuversetzen. Wichtig ist nur: Nie Interesse heucheln, wo kein echtes Interesse ist.

Auf die Zwischentöne kommt es an

Manche Diagnose verschlägt einem die Sprache. Manche Menschen reden viel – und sagen doch wenig. Dabei ist das, was Betroffene sagen, oft nur ein kleiner Teil der eigentlichen Botschaft. Vieles bleibt unausgesprochen, ist aber ebenso Teil der Kommunikation. Versuchen Sie, diese Informationen zu erkennen, die zwischen den Zeilen stehen. Dazu ist es hilfreich, vor dem Reagieren einen Moment innezuhalten und nachzudenken. Als nahestehender Partner ist man manchmal schneller mit seinen Interpretationen, als es angebracht ist. Wenn Sie sich also nicht sicher sind, ob Sie eine unausgesprochene Botschaft richtig verstanden haben, dann fragen Sie einfach nach. Und wenn Sie nicht nachfragen möchten, dann sprechen Sie darüber, wie Sie die Lage einschätzen. Die Reaktion wird Ihre Vermutungen bestätigen oder widerlegen.

Dabei ist wichtig: Seien Sie nachsichtig mit dem anderen. Mitgefühl hilft, Ärger zu reduzieren. Allzu oft reißt einem der Geduldsfaden, wenn Betroffene nicht so agieren, wie man es von ihnen erwartet. Was wir dabei leicht übersehen: Meistens gibt es handfeste Gründe (oder unterdrückte Gefühle), die hinter dem wechselhaften Verhalten stehen – dann nämlich beispielsweise, wenn der Betroffene mit seinen Emotionen selbst noch nicht im Reinen ist.

Sich das klarzumachen, ist eine wichtige Erkenntnis. Und auch Sie selbst leben viel entspannter, wenn Sie nachsichtiger mit dem anderen sind und erst einmal davon ausgehen, dass es sicher gute Gründe für dessen Verhalten gibt.

Die Grenzen der Empathie

Empathie ist eine wichtige Fähigkeit im Umgang mit erkrankten Angehörigen. Zu viel empathisches Engagement birgt allerdings auch die Gefahren in sich, sich selbst zu überfordern.

Wenn Sie sich zu sehr dem anderen zuwenden, kann es passieren, dass Sie sich selbst aus den Augen verlieren. Seien Sie deshalb aufmerksam mit sich selbst und ziehen Sie sich ein Stück zurück, wenn Ihnen die emotionale Nähe zum anderen zu viel wird.

Wenn Sie lernen, die Gefühle von anderen intensiver wahrzunehmen, löst das auch bei Ihnen selbst Emotionen aus. Das ist völlig normal, kann aber manchmal schwierig werden: Nicht immer ist eindeutig zu erkennen, ob Sie nun Ihre eigenen Gefühle empfinden oder die von anderen spiegeln. Das macht aber einen gewaltigen Unterschied. Beobachten Sie sich deshalb selbst und hinterfragen Sie vor allem plötzlich auftretende Gefühle. Sind es wirklich Ihre eigenen? Oder spiegeln Sie die Emotionen Ihres erkrankten Partners?

Empathie hat auch ihre Grenzen. Achten Sie darauf, den anderen ihren persönlichen Raum zu lassen. Nicht selten wird dem Betroffenen zu viel Mitgefühl auch lästig, beispielsweise dann, wenn Sie ihn mit Lösungsvorschlägen und Ratschlägen überschütten. Und nicht jeder möchte in Extremsituationen auch über die eigenen Gefühle sprechen.

Seien Sie sensibel dafür, was Ihr Partner braucht, und ziehen Sie sich rechtzeitig zurück, wenn Sie spüren, dass die Gefühle aus dem Ruder laufen.

Auch Mitgefühl ist Liebe. Sie erblüht, wenn Sie Schmerz im anderen erkennen. Widrigkeiten in Liebe und Hoffnung einzubetten, ist das exklusive Recht des Lebenspartners, Freundes, der Eltern oder des (erwachsenen) Kindes.

Auf den Punkt gebracht: »Du bist krank – und mir fehlen die Worte.«

Der Diagnose-Schock lässt uns oft sprachlos werden. Im ersten Moment möchte man es gar nicht hören, geschweige denn, es fällt einem als Angehöriger ein vernünftiger, *angemessener* Kommentar dazu ein. Irgendwie hat man es ja schon kommen sehen oder zumindest geahnt, und selbst wenn nichts davon zutrifft, ist man geschockt. Wird eine fatale Diagnose einmal ausgesprochen, ist sie real.

Doch wie geht man damit um?

Es fehlen einem die Worte. Andererseits muss man ja irgendetwas sagen – bloß was?

Also sagt man: »Oh Gott!«. Oder: »Das darf doch nicht wahr sein!« Manchmal auch ganz ehrlich: »Mir fehlen die Worte …«

Ganz gleich, was Sie sagen, kein Wort fühlt sich in diesem Moment richtig an. Oft spürt man ja selbst, wie einem die Worte entgleiten, der Ton macht die Musik, selbst wenn es sich irgendwie schräg anhört. Wenn Ihnen der Betroffene ganz nahesteht, dann sagt man vielleicht »Ich liebe dich« oder »Ich habe dich lieb« – ganz so als könne der Liebesschwur die Wucht des Diagnose-Schocks irgendwie abfedern.

Dem unmittelbaren Schmerz folgt die Wut. Man ist wütend auf die Krankheit, auf die Ärzte und (unglaublich) zu Unrecht auch wütend auf den Patienten selbst. Der kann zwar gerade so gar nichts dafür, aber trotzdem … ja, das Leben ist ungerecht.

Miteinander reden – gemeinsam schweigen

Ein Universalrezept dafür, wie man am besten mit dem Betroffenen umgeht, der gerade eine fatale Diagnose bekommen hat, gibt es nicht. Jede Situation, jeder Mensch, jedes Leiden ist individuell und unterschiedlich. Jeder muss seinen eigenen Weg im Umgang mit dem Kranken und der Krankheit finden. Je intensiver man versucht, alles richtig zu machen, desto größer ist die Wahrscheinlichkeit ins Fettnäpfchen zu treten.

- In der Regel sind Sie gut beraten, wenn Sie keine (oder nur wenige) »Du-Botschaften« aussenden. »Du darfst nicht aufgeben!« oder »Du musst kämpfen!« kommt einem nur allzu schnell in den Sinn – und ist doch eine Anmaßung. Viele Betroffene fühlen sich dadurch bevormundet, denn selbst wenn sie mit einer schweren Diagnose belastet sind, hat niemand das Recht, ihnen vorzugeben, was sie zu tun oder zu lassen haben.
- Auch beliebte Floskeln wie »Kopf hoch!« kann man getrost beiseitelegen, denn welch tieferer Sinn sollte darin liegen? Besser ist es, einfühlsame Fragen zu stellen, um mehr darüber zu erfahren, wie es dem Betroffenen geht.
- Also sollte man nicht sagen: Du sollst, du musst … sondern man sollte fragen. Beispielsweise, ob der Erkrankte kämpfen will. Ob und wie man ihn dabei unterstützen und an seiner Seite sein kann – und zwar unabhängig davon, für welchen Weg der Betroffene sich entscheidet: Beim Kämpfen und beim Nichtkämpfen, beim Schmerzaushalten ebenso wie beim Schmerzbetäuben. Und notfalls auch dabei, jede weitere Behandlung abzulehnen.
- Wenn man das nicht kann, wenn man es nicht aushält, dann kann man auch von sich selbst sprechen: Einfach erzählen, wie unsicher Sie sind, wie viel Angst Sie haben und dass Sie traurig sind.
- Zwar darf es nicht darauf hinauslaufen, dass der Erkrankte Sie trösten muss, weil Sie heulen wie ein Schlosshund, denn das wäre kontraproduktiv. Wenn man jedoch die eigene Trauer kommuniziert, dann erleichtert man es unter Umständen dem Betroffenen, über die eigene Gefühlslage zu sprechen.

- Traurigkeit verschwindet nicht, wenn man sie verschweigt. Im Gegenteil: Geteiltes Leid ist halbes Leid, sagt man ja.

Es ist wichtig zu erspüren, was gerade notwendig ist. Reden, zuhören, schweigen – Hauptsache man kümmert sich. Es gibt Betroffene, die nicht über die Krankheit reden wollen – dann lässt man es. Die meisten Erkrankten wollen reden – dann hört man zu. Auch gemeinsames Schweigen ist okay. Nur so zu tun, als wäre nichts gewesen, geht gar nicht.

KAPITEL 2

Die Veränderung – weil nichts mehr bleibt, wie es mal war

Alltag – das ist der Moment, in dem der Schock weicht und Sie den Tatsachen ins Auge schauen müssen. Betroffene Erkrankte tun sich mit der Verarbeitung solcher Anpassungsleistungen hinlänglich schwer. Das ist verständlich. Im Umkehrschluss bedeutet es aber nicht, dass es den Angehörigen leichter fällt, die neuen Umstände zu akzeptieren. Sie sind vielmehr zerrissen zwischen dem Leben am Krankenbett und den notwendigen organisatorischen Plänen für die nahe Zukunft. Sie essen und schlafen zu wenig, dafür machen Sie sich zu viele Gedanken und Sorgen, weil Sie eben nicht nur im Hier und Jetzt leben, sondern auch schon mit einem Auge nach der Zukunft schauen. Sie wissen, dass (oft schmerzhafte) Veränderungen anstehen, und das macht Angst.

Chronische Krankheiten beispielsweise heißen so, weil sie eben keine vorübergehende Episode darstellen, sondern ein Umstand sind, an den man sich auf Dauer gewöhnen muss. Diese Gewöhnung geht mit Veränderung einher.

Die Diagnose verarbeiten

Dem Schock der Diagnose folgt nicht selten die Ernüchterung. Die meisten schwerwiegenden Erkrankungen lassen sich – auch wenn sie mit einem akuten Ereignis beginnen – früher oder später in die Liste der sogenannten *chronischen* Krankheiten einordnen. Selbst der Krebs gehört mittlerweile dazu.

Eine chronische Erkrankung ist per Definition mittlerweile alles, was einen Patienten mindestens einmal im Quartal zum Arzt führt – und dies zumindest im ersten Jahr nach der Diagnosestellung. Hier sind sich Krankenkassen und Gesundheitsbehörden einig.

Glücklich sind jene, deren Erkrankung gut therapierbar ist. Aber um ehrlich zu sein sind das nur die wenigsten. Viele leiden dauerhaft – und das auch deshalb, weil sie unter den Folgen der Ursprungserkrankungen und notwendigen Therapien so viele Nebenwirkungen entwickeln, die wiederum Folgeerkrankungen nach sich ziehen.

Akute Erkrankungen sind eigentlich nur noch Erkältungen oder ein Beinbruch, selbst bei einer Grippe kann es mitunter gefährlich werden – aber das ist wieder ein anderes Thema.

Natürlich wäre es fatal, alle Diagnosen so über einen Kamm zu scheren. Dennoch ist es überwiegend so, dass das eine das andere bedingt oder nach sich zieht.

Chronische Erkrankungen – ein Überblick

- Rücken-, Gelenk- und Knochenerkrankungen (z. B. Arthrose, rheumatoide Arthritis, Rheuma, Bandscheibenvorfall)
- Atemwegserkrankungen (z. B. Asthma bronchiale, COPD, Bronchitis)
- Diabetes mellitus (Typ 1 und viel häufiger Typ 2)
- Schilddrüsenerkrankungen (z. B. Schilddrüsenüberfunktion, Schilddrüsenunterfunktion)
- neurologische Krankheiten (z. B. Schlaganfall, Demenz wie Alzheimer, Parkinson, Multiple Sklerose)
- Allergien (z. B. Heuschnupfen, Hausstaubmilbenallergie, Tierhaarallergie, Lebensmittelallergie)
- psychische Erkrankungen (z. B. Depression, Burn-out, bipolare Erkrankung, Schizophrenie)
- Magen-Darm-Erkrankungen (z. B. Reizdarmsyndrom, Colitis ulcerosa, Morbus Crohn)

- Erkrankungen der Herzkranzgefäße oder des Herzmuskels (z. B. Durchblutungsstörungen der Herzkranzgefäße und Myokardinfarkt, Arteriosklerose, Myokarditis)
- Krebserkrankungen (z. B. Brustkrebs, Prostatakrebs, Darmkrebs, Lungenkrebs)
- Autoimmunerkrankungen (z. B. Lupus erythematodes, Hashimoto-Thyreoiditis)

Zum Beispiel Krebs

Wenn ein Mensch die Diagnose *Krebs* bekommt, dann geht es ums Überleben. Es geht um Sieg und Niederlage: Operation, Bestrahlung und Chemotherapie. Jeder hat schon einmal davon gehört.

Die Wortwahl legt nahe, dass es vorbei ist, wenn man es *geschafft hat*, den Krebs zu besiegen. Die Hoffnung impliziert, dass nichts oder kaum etwas zurückbleibt von der Krankheit, wenn die Mediziner bloß alle Register ziehen. Tatsächlich kann der Krebs in seinen unterschiedlichen Verlaufsformen heutzutage einerseits häufiger *besiegt*, also therapiert werden. Andererseits wird Krebs in der Liste der chronischen Erkrankungen geführt, und das auch deshalb, weil die Krankheit die Betroffenen verändert – manchmal sogar für immer.

Dabei geht es nicht nur um das bange Warten auf die nächste Kontrolluntersuchung. Ein *Rezidiv*, also das Wiederaufflackern der Krebszellen an anderer Stelle, ein neuer Tumor oder Metastasen, schwebt wie ein Damoklesschwert über den Betroffenen. Es geht dabei auch um die Risiken und Nebenwirkungen der zuvor durchgeführten, so erfolgreichen Behandlung. Wenn zu Beginn einer Therapie noch das Überleben des Patienten im Mittelpunkt steht, mag man über die Spätfolgen kaum nachdenken. Dass es diese gibt, steht außer Frage: bleierne Müdigkeit, die sogenannte Fatigue, oder Probleme mit den Gelenken und der Wirbelsäule. Und das ist nur eine kleine Auswahl der möglichen Langzeitfolgen. Was ebenso in Mitleidenschaft gezogen wird, ist die Psyche. Nicht selten entwickeln *geheilte* Krebspatienten beispielsweise eine Depression. Auch der soziale Rückzug, der Verlust des Freundeskreises, der Arbeitsstelle oder mitunter des Wohnraums (weil man sich die Miete nicht mehr leisten kann) gehören zu den belastenden Langzeitfolgen einer solch schwerwiegenden Diagnose und Behandlung.

Jede Krankheit ist einzigartig

Und weil das so ist, kann es keine pauschalen Lösungen und standardisierten Vorgehensweisen geben. Was das Beispiel einer Krebserkrankung gezeigt hat, gilt gleichermaßen, wenn auch mit anderen *Zutaten*, für fast alle schwerwiegenden Diagnosen. Wenn die Krankheit einmal erkannt wurde, steht die Behandlung der akuten Beschwerden im Fokus. Fast immer spielt dabei *Zeit* eine wichtige Rolle: Möglichst schnell müssen notwendige Maßnahmen ergriffen und Entscheidungen getroffen werden. Im Wesentlichen geht es darum, die Folgen eines Ereignisses (beispielsweise eines Schlaganfalls oder Herzinfarkts) positiv zu beeinflussen. In solchen Situationen sind Betroffene wie Angehörige oft *sprachlos*, weil (ob der Diagnose) Widerspruch auch irgendwie sinnlos erscheint. Erst wenn die Akutphase vorüber ist, kann mit der Verarbeitung begonnen werden. Dabei ist es oftmals so, dass eben diese Akzeptanz den Ereignissen hinterherhinkt.

Im medizinischen Fachjargon spricht man von *Coping*. Das englische Verb »to cope« bedeutet sinngemäß übertragen *»mit einer Sache fertig werden, etwas bewältigen oder meistern«*. Das Hauptaugenmerk liegt dabei auf einem aktiv gestaltenden Aspekt, der aber zunächst einmal die Angehörigen betrifft, weil der Betroffene noch viel zu sehr mit dem Schock beschäftigt ist.

Das *Coping* umfasst drei Punkte, die dazu beitragen können, die Diagnose zu verarbeiten. Nämlich: Probleme lösen, Wege suchen und Pläne machen. Das ist der Dreiklang, mit dem Angehörige versuchen, denn Alltag wieder in den Griff zu bekommen. Dabei gibt es in der Regel viele Probleme, die Lösungsmöglichkeiten sind jedoch eher beschränkt. Auch mit dem *Pläne machen* ist es nicht so weit her, denn wenn die Zukunft ein ungewisser Ort ist, tut man sich selbst mit Träumen hinlänglich schwer.

Perspektivenwechsel

Gerade dann, wenn der Betroffene noch mit dem Diagnose-Schock zu kämpfen hat, befinden sich Angehörige in einer Art *Aufbruchsstimmung*. Die kennzeichnet sich im Wesentlichen dadurch, dass sie sich alle Informationen – gern auch alternative – zusammensuchen, um sich ein besseres Bild der Gesundheitssituation zu machen. Innerlich sind sie darauf eingestellt, alsbald die Verantwortung zu übernehmen, aber auf alle Fälle wollen sie gut gerüstet in Arztgespräche gehen, um als kompetenter Gesprächspartner zu punkten. Dabei übersehen sie gerne, was im Betroffenen vielleicht gerade vorgeht. Die Phase des Schocks nach einer schwerwiegenden Diagnose wird von der Phase der *aufbrechenden Gefühle* abgelöst.

Phase der aufbrechenden Gefühle

Aus der Sicht des Betroffenen

In der zweiten Phase der Verarbeitung wird dem Betroffenen das ganze Ausmaß seiner möglichen Beeinträchtigungen bewusst. Vielleicht kann er (beispielsweise nach einem Schlaganfall) nicht sprechen oder muss mit einseitigen Lähmungen der Gliedmaßen zurechtkommen. Dass dieser Zustand zumeist nur vorübergehend ist, wird oft ausgeblendet. Betroffene neigen dazu, die Folgen ihrer Beeinträchtigungen zu überschätzen, fühlen sich hilflos, sind ohne Hoffnung und reagieren mit depressiven Stimmungslagen.

Dabei wäre es gerade jetzt so wichtig, alle verbleibenden Kräfte zu bündeln, um vorübergehende Einschränkungen durch Therapien wettzumachen. Aber dafür ist die Verunsicherung zu groß, der Betroffene hat das Vertrauen in seinen Körper verloren. Die Zukunft macht ihm Angst. Er hat Angst vor dem Leiden und manchmal auch vor dem Sterben – selbst wenn die Ärzte alles tun, um Schmerzen zu lindern und Sorgen zu zerstreuen.

Die Phasen der Depression wechseln mit aggressiven Schüben. Dabei geht es im Wesentlichen um Selbstbestimmung, und die Aggression richtet sich nur in zweiter Linie auf bestimmte Personen. So werden stattdessen Medikamente verweigert oder Therapien (wie Physiotherapie) abgelehnt. Auch Hilfsmittel wie einen Rollator oder Rollstuhl zu benutzen, wird als Zumutung aufgefasst. Manchmal möchte der Betroffene überhaupt niemanden mehr sehen. Er hadert mit Gott und der Welt. Das Selbstvertrauen hat einen herben Dämpfer bekommen, sodass Selbstzweifel an der Tagesordnung sind. Hinzu kommt das Gefühl, *jetzt nichts mehr wert zu sein.*

Tipp für Angehörige

So zu reagieren ist völlig normal. Auch wenn Sie nun als Angehöriger zurückgewiesen werden, bleiben Sie am Ball und vor allem im Gespräch.

Aus der Sicht des Angehörigen

Vielleicht erleben Sie Ihren Partner, Freund oder Familienangehörigen jetzt so, wie Sie ihn noch nie erlebt haben. Sicher ist es schwierig, damit umzugehen, wenn man selbst auch Zielscheibe von Wut und Aggression wird. Versuchen Sie, das nicht zu nah an sich heranzulassen. Hören Sie ihm zu, aber reden Sie ihm seine Gefühle nicht aus. Das wäre vergebene Liebesmüh. Er empfindet nun mal so, auch wenn Sie es nicht nachvollziehen können.

Das Durchleben dieser Verarbeitungsphase ist für den Betroffenen extrem anstrengend, und er befindet sich emotional sozusagen *im freien Fall.* Geben Sie ihm Halt, indem Sie sich in Gleichmut üben: Also nicht widersprechen, sondern einfach nur da sein. Und wenn er Sie wegschickt – kommen Sie trotzdem wieder.

Es ist hart, den Betroffenen so zu erleben, aber die Emotionalität, die sich in dieser Phase zeigt, ist nur Teil eines Prozesses, der zu einer neuen Akzeptanz der Situation führt.

Was hat es mit Emotionen auf sich?

Ein plötzlicher Schicksalsschlag, eine schwerwiegende Diagnose ist immer von starken Emotionen begleitet. Es gibt wohl niemanden, der eine solche Situation, die das Leben nachhaltig verändert, einfach so hinnimmt. Wut, Trauer und Angst sind unmittelbar nach der Diagnose und auch in der Zeit der Akzeptanz oft ständige Begleiter auf seiten der Betroffenen und deren Umfeld. Um damit besser umgehen zu können, sollte man mehr über Emotionen und ihre Wirkkraft wissen.

Sieben Grundemotionen

Die Emotionsforschung hat sieben Grundemotionen definiert, von denen sich alle möglichen Gefühlslagen ableiten lassen:

1. Angst,
2. Wut,
3. Ekel,
4. Freude,
5. Trauer,
6. Verachtung und
7. Überraschung.

Emotionen spielen in Bezug auf den Umgang mit erkrankten Menschen eine große Rolle. Man kann sie nicht einfach wegwischen oder als irrelevant abtun. Sie sind ein wichtiges Element der Verarbeitung, und das geht nun mal nicht *emotionslos.*

Emotionen sind körperlich

Der Körper folgt den Emotionen; dadurch werden selbst verborgene oder unterdrückte Gefühle sichtbar. Besonders verräterisch sind die Mimik, die Gestik, der Klang der Stimme und das damit verbundene Verhalten. Jeder kennt das. Jeder hat es schon mal erlebt.

Das Spektrum der möglichen Ausdrucksformen spricht eine eindeutige Sprache. Nehmen wir beispielsweise Freude: Wir können lächeln oder lachen, wenn wir glücklich sind oder einen schönen Moment erleben. Doch je stärker uns eine Emotion umtreibt, desto deutlicher werden die körperlichen Hinweise darauf. Um beim Beispiel zu bleiben: Wir können lachen, bis uns die Tränen kommen, oder wenn wir vor Freude unendlich gerührt sind.

Emotionen sind vielfältig, sie ändern unsere Sicht auf die Dinge des Lebens. Alles, was wir denken, fühlen, hören und sehen, löst permanent Emotionen aus. Verändert sich das Leben durch eine Diagnose ganz dramatisch, so sind wir zu Recht traurig, wütend, enttäuscht oder voller Angst.

Nehmen wir beispielsweise mal die Enttäuschung. Das kennen wir alle: Wir haben uns so auf diesen einen Moment gefreut, waren so sicher, dass es etwas ganz Besonderes wird. Doch die Vorfreude, die ersehnte Bestätigung für große Mühen, bleibt aus. Wir haben das Gefühl, uns wird der Boden unter den Füßen weggezogen. Wir suchen nach Halt, oder zumindest möchten wir den bitteren Beigeschmack der Kränkung einmal hinunterschlucken. Doch so sehr wir uns auch bemühen, die Contenance zu wahren, es gelingt uns nicht ganz. Das Lächeln gefriert – und kaum, dass wir denken, »jetzt bloß nicht weinen«, kullern auch schon die Tränen aus dem Augenwinkel. Weniger emotionale Menschen ballen dann die Fäuste, versuchen dadurch, die Emotionen zu kontrollieren. Manchmal gelingt das – manchmal aber auch nicht.

Diese *grauen* Emotionen sind die, die Ihnen Kräfte rauben, die Sie lähmen, die alles trüb und trist aussehen lassen. Erkrankte Menschen stecken ganz tief in diesen niederdrückenden Emotionen fest. Ab und an versuchen sie, sich aus diesem *Einheitsgrau* zu befreien – beispielsweise, indem sie aus der Haut fahren und wütend werden.

Für die Betroffenen war es einfach in letzter Zeit zu viel. Der Schock der Diagnose, die Schmerzen, die Einschränkungen, die düstere Zukunft. Die Erkrankten sind auch über sich selbst wütend und enttäuscht, ja auch traurig, weil gerade nichts so läuft, wie sie das gerne hätten oder geplant hatten. Manchmal möchten sie am liebsten einfach laut schreien …; auch das sind Emotionen.

Die körperlichen Reaktionen sind vielfältig und spiegeln sich im Sprachgebrauch wider. Wir können vor Schreck erstarren oder durch Trauer gelähmt sein, aus Angst stehen uns die Haare zu Berge oder wir bekommen vor Aufregung weiche Knie.

Und natürlich können wir diese körperlichen Reaktionen auch an anderen beobachten. Wir können sie nur anhand ihrer Körpersprache verstehen – ganz ohne Worte. Das Gefühl, also das, was wir bewusst als Angst, Freude, Wut oder Trauer erleben, ist nur die Spitze des Eisbergs. Die meisten emotionalen Prozesse laufen jedoch unterbewusst ab – und diese nicht nur zu erkennen, sondern sie auch nach Wunsch zu beeinflussen, ist extrem schwierig.

Emotionen in extremen Situationen

Schwerwiegende Diagnosen und Erkrankungen fordern unsere Emotionen heraus. Sie begleiten und beeinflussen (immer und überall) unsere Entscheidungen, navigieren uns durch *schwierige* Situationen und durch Krisen. In gewissen Momenten sind sie ein *Frühwarnsystem* der Sinne, das durch die berühmte Schrecksekunde oder das Überraschungsmoment eine kurze Gelegenheit zur Reflexion verschafft.

Dann übernimmt der *Autopilot* im Kopf, was zu tun ist. Autopilot deshalb, weil wir Menschen in unserer Entwicklung gelernt haben, auf gleiche oder ähnliche Situationen gleich oder ähnlich zu reagieren. Nun bekommt man nicht jeden Tag eine lebensverändernde Diagnose, und insofern gibt es auch keine standardisierten Reaktionen darauf. Was dabei also emotional mit den Betroffenen passiert, können weder die Erkrankten noch die ihnen nahestehenden Menschen voraussehen. Extreme Situationen fordern extreme Reaktionen heraus – insofern ist jede Emotion gerechtfertigt.

Alles, was gerade passiert, ist neu, unbekannt und deshalb beängstigend. Es braucht jedoch Selbstvertrauen und Mut, sich den kommenden Herausforderungen zu stellen. Mit beiden ist es bei den Betroffenen in der Phase der aufbrechenden Gefühle schlecht bestellt. Gerade deshalb ist es aber so wichtig, einfach da zu sein und die emotionale Ausnahmesituation auszuhalten – alles andere würde den Betroffenen nur in seinem negativen Gedanken-Karussell bestätigen.

Beispielsweise Wut

Nur wenn sich zwei Menschen völlig gleichgültig wären, könnten sie angesichts einer lebensverändernden Diagnose ohne Wut auskommen. Wie so oft steckt in der Wut – je nach Ausprägung – eine tiefer gehende Botschaft oder zumindest ein Wunsch. Die verborgene Bedeutung von Wut könnte lauten: Ich will das nicht! Es muss anders werden, darum widersetze ich mich.

Wütend zu werden, ist daher eine normale Reaktion bei der Suche nach einem neuen Gleichgewicht und gehört deshalb auch zur Phase der aufbrechenden Gefühle. Um aber wieder eine neue Perspektive zu bekommen, braucht es Zeit. Der Zeitfaktor ist ja immer ein bisschen relativ, deshalb wird man schnell ungeduldig, wenn es eben nicht schnell genug geht. Doch Ungeduld ist kein guter Ratgeber. Die Wut gehört aber zur Verarbeitung von Verlusten dazu. Man darf dabei nicht vergessen, dass man selbst als Partner, Freund oder Familienangehöriger ja ebenfalls eine Menge *zu verlieren* hat.

Auf der Seite des Fürsorgenden ist Wut aber auch immer ein Indiz für Überforderung, dann wenn einem alles zu viel wird, wenn man nicht mehr weiß, wie man die notwendige Ruhe und Geduld aufbringen soll, fühlt man sich *ohnmächtig* der Situation ausgeliefert. Aus diesem Unglauben, der Verleugnung und Wut wird im Laufe der Zeit manchmal echte Verzweiflung.

Wut ist sehr oft auch Ohnmacht, was bedeutet, dass die Wut kein konkretes Ziel kennt. Dieses Gefühl der Ohnmacht geht wiederum mit Verzweiflung einher. Die entsteht, wenn man keine (gemeinsame) Zukunft mehr sieht oder sich nicht vorstellen kann, wie es weitergehen soll. Dabei ist die Sorge um das Wohl des Betroffenen nur eine Seite der Medaille, hinzu kommen Ängste bezüglich der eigenen Gesundheit. Die Sorge und manchmal auch die Verzweiflung werden aus ganz unterschiedlichen Quellen gespeist.

Selbst wenn die Wut des erkrankten Betroffenen überflüssig erscheint, so ist sie doch nichts gegenüber der Aggression, die ja schlussendlich nicht mehr ist als *unkontrollierbare Wut.*

Einen neuen Umgang etablieren

Oder: Ein rohes Ei mal zwei. Sie als Angehörige, Lebenspartner oder Freund wissen manchmal einfach nicht, wie Sie es noch richtig machen sollen. Vorsichtig tasten Sie sich an den Betroffenen heran, allzeit gewappnet, dass die Stimmung gleich kippt oder Sie doch wieder das nächste Fettnäpfchen anpeilen.

Viele Menschen sind überfordert, wenn Freunde oder Familienmitglieder krank werden. Sie sind überwältigt von ihren eigenen Emotionen und wissen nicht, wie man mit dem Kranken, dem ehemals so vertrauten Menschen umgehen soll. Es ist schon verrückt, dass quasi ein Moment im Leben darüber entscheidet, wie wir mit dem anderen sprechen, ihn halten oder eben auch ganz offen unsere Meinung sagen. Zwei Menschen, die sich so nah waren, Eltern, die uns unser Leben lang kennen, Freunde, die unsere engsten Vertrauten waren, sind plötzlich meilenweit entfernt. Man behandelt sich gegenseitig wie das sprichwörtliche *rohe Ei.* Okay, das ist auch eine Form der Rücksichtnahme – aber keine, die Nähe erzeugt, sondern eher eine, die Distanz aufbaut.

Ein schwerkranker Mensch ist trotz allem immer noch dieselbe Person mit Interessen, Wünschen und Bedürfnissen. Okay, vielleicht hat sich die eine oder andere Präferenz verschoben. Doch der Mensch bleibt, auch wenn er sich gerade verändert. Sie können ihn durch diese Veränderung begleiten oder Sie können ihn loslassen und seinen eigenen Weg gehen lassen. Was Sie aber nicht tun sollten, ist, ihn sprichwörtlich wie ein *rohes Ei* zu behandeln.

Vorsicht mit der Rücksicht

Medizinern per se wird oft eine distanzierte Haltung zu ihren Patienten nachgesagt. Das äußert sich manchmal dadurch, dass Ärzte zuerst die Diagnose und dann den Menschen sehen. Das mag für die Ärzteschaft noch als Selbstschutz durchgehen – unter Freunden, Lebenspartnern oder innerhalb einer Familie geht das natürlich gar nicht. Es kommt also auf die Wortwahl an und auf einen wertschätzenden Umgang miteinander: »**Ich habe diese Krankheit, aber ich bin nicht diese Krankheit. Sie ist nur ein Aspekt von mir.**«

- Die wichtigste Regel ist es, den Betroffenen nicht auf die Krankheit reduzieren. Ständig darüber zu sprechen macht es auch nicht besser, vielmehr verliert man den Menschen, der leidet, aus dem Blick.
- Selbst wenn es so naheliegend ist: Dieses ständige »Und wie geht es dir?« nervt. Begleitet von einem mitleidigen Blick und dem bedauernden Tonfall macht es Betroffene oft ziemlich wütend.
- Drehen Sie den Spieß um: Erzählen Sie von sich und Ihren Gefühlen, Ihrem Alltag und den damit verbunden Sorgen. Teilhaben lassen statt ausgrenzen führt zu ganz neuen Gesprächsebenen.
- Und seien Sie bitte ehrlich. Oftmals sucht man so lange nach geschickten Formulierungen, dass – wenn man sie gefunden hat – es irgendwie gestelzt und unehrlich klingt.
- Wenn Ihnen nichts Besseres einfällt, dann sagen Sie das. Als Mensch an seiner Seite haben Sie ein Recht darauf, sprachlos und betroffen zu sein. So hat der Erkrankte wenigstens die Chance, sich damit auseinanderzusetzen.
- Und was ganz wichtig ist: Er spürt das ehrliche Mitgefühl. Das ist besser, als ihn mit hohlen Phrasen zu langweilen.

Rücksichtlos ans Ziel?

Es kann aber auch passieren, dass man vor lauter Rücksichtnahme auf ein- und derselben Stelle verharrt – von einem normalen, neuen Alltag ist man, so scheint es, noch Lichtjahre entfernt.

Insbesondere Menschen, die es gewohnt sind, alles zu planen und perfekt zu organisieren, geraten im Umgang mit Betroffenen manchmal an ihre Grenzen – vor allem an die Grenzen der Geduld. Zwar ist es leicht, Entscheidungen über die Köpfe anderer hinweg zu treffen, aber glücklich wird man auf Dauer damit kaum. Man muss sich also daran gewöhnen, dass das Leben künftig einen anderen Takt vorgibt. Die oberste Devise: Das Angebot, Verantwortung abzunehmen, ist gut. Aber eigenständiges Entscheiden und Handeln zu erhalten, ist besser.

Nun kommt es natürlich auf den individuellen Fall an, aber generell ist es häufig so, dass man durch hektischen Aktivismus versucht, sich aus der (Kommunikations-)Falle zu schleichen. Sie kennen das: »Ich muss jetzt irgendetwas tun, sonst werde ich verrückt.« Das ist aber gerade gar keine so gute Idee. Denn »irgendetwas« ist häufig unnötig und geht nicht selten am Notwendigen vorbei. Allerdings ist es oft leichter, Erwartungen zu ignorieren, statt sie zu erfüllen. Bleiben Sie also im Gespräch, auch auf die Gefahr hin, dass Sie Ihre eigenen Ambitionen auf Eis legen müssen.

- Fragen Sie offen, wie sich der Betroffene seine Zukunft vorstellt.
- Versuchen Sie, anstehende Probleme mit den Augen des Betroffenen zu sehen.
- Ziehen Sie Parallelen zu eigenen Erfahrungen. Wie fühlt sich das an?
- Seien Sie nicht beleidigt, wenn Ihre effizienten Vorschläge auf wenig Akzeptanz stoßen.

Zu viel Vorsicht – zu viel Rücksicht

Wer nichts macht, macht auch nichts falsch. Lieber raushalten, alles dem Zufall überlassen, als Position zu beziehen und gezielt zu handeln? Aus übertriebener Vorsicht und einem zu hohen Maß an Rücksichtnahme kommen manche wichtigen Entscheidungen nie zustande. Ob es sich dabei um Taktik oder echtes Mitgefühl handelt, wird man wohl nie herausfinden. Manche Menschen nehmen so viel Rücksicht auf den Betroffenen, dass nie irgendwelche klaren Entscheidungen getroffen werden können. So vergeht so viel wertvolle Zeit, die man besser nutzen könnte, um Perspektiven für die Zukunft zu entwickeln. Manchmal ist es eben leichter, sich als Opfer der Umstände darzustellen, denn als Mensch, der einen Fehler gemacht hat.

Schluss mit Rücksicht:

- Sich Gedanken machen und handeln – daraus wird Zukunft gemacht.
- Wer Mut beweist, kommt zu klaren Ergebnissen.
- Sie haben die Pflicht und das Recht, mutig zu entscheiden – ohne das kommt nichts voran.
- Besser zu Fehlern stehen, als Opfer der Umstände zu werden.
- Verlassen Sie sich auf Ihr Herz und Ihren Verstand!

Gemeinsam den Lebensstil anpassen

Veränderungen sind meist unbequem. Sie machen Angst, schüren Zweifel und fordern Rückzug heraus. Wenn nun die Krankheit des Partners, der Eltern, des Freundes auch Ihr Leben *berührt*, dann ist das zugleich eine Herausforderung an die eigene Flexibilität.

Viele chronische Erkrankungen erfordern für die Zukunft eine Anpassung des Lebensstils: zum einen natürlich vom Erkrankten selbst, zum anderen aber auch von seinem nahen Umfeld, vor allem dann, wenn man *zusammengehört* und füreinander Verantwortung trägt. Veränderung ist immer schwierig, insbesondere, wenn der Anlass dafür einen nur sekundär betrifft. Und doch gibt es die Mär, dass gemeinsam vieles leichter und besser geht. Um ganz ehrlich zu sein, tut es das nicht. Denn wenn man nicht selbst zu 100 Prozent zu den neuen Lebensherausforderungen steht, wird das auch nichts.

Nehmen wir beispielweise den Herzinfarkt. Wer einen solchen überlebt hat, der sollte einiges in seinem Leben ändern. In erster Linie gilt es, Risikofaktoren künftig zu minimieren und am besten ganz auszuschalten. An erster Stelle steht dann beispielsweise, mit dem Rauchen aufzuhören, üppiges Essen zu meiden und sich ausreichend zu bewegen. Unter Umständen erfordern solche Veränderung eine ebenso selbstlose Anpassungsleistung vom nahestehenden Partner. Gemeinsam verzichten soll ja angeblich leichter fallen. Das tut es nicht. Im Gegenteil: Wer künftig Schweinebraten gegen Sojabratlinge tauschen muss, nur um dem Erkrankten den Verzicht leichter zu machen, wird langfristig einen gewissen Groll aufbauen. Gleiches gilt für den Verzicht auf Nikotin oder Alkohol. Jeder muss die Entscheidung zur Veränderung des Lebensstils (erst einmal) für sich alleine treffen; sich gemeinsam im Durchhalten zu bestärken, versteht sich von selbst.

Phasen der Veränderung

Anpassungsleistungen erfordern Zeit. Das ist eine Tatsache, die häufig ignoriert und ebenso häufig negiert wird. Nun gut, es gibt natürlich auch Menschen, die mit anstehenden Veränderungen gar keine Probleme haben und einfach tun, was notwendig ist. Wer das kann, blättert einfach ein paar Seiten weiter. Für alle anderen sind die folgenden Zeilen vielleicht ein Hilfskonstrukt, um zu erkennen, wo sie im Moment stehen.

Es gibt für anstehende (oft unangenehme) Veränderungen zahlreiche Modelle, die erklären, warum es in gewissen Situationen so schwierig ist, alte Verhaltensmuster abzulegen und sich neuen Herausforderungen zu stellen. Ein solches Handlungsmodell haben Ann Salerno und Lillie Brock in ihrem Buch »Change Cycle«[2] beschrieben. Es lässt sich ganz gut auf das Anpassen von Lebensumständen in einer Pflegesituation übertragen.

2 Salerno A, Brock L.: Change Cycle. Offenbach: Gabal 2009

Phase 1 Neuland betreten

Die Krankheit des Angehörigen, seine Diagnose mit allen notwendigen Konsequenzen und künftigen Einschränkungen führt auch bei Ihnen zu der Erkenntnis, dass sich Ihr Leben nun grundlegend verändern wird. Die Emotion, die diese Erkenntnis begleitet, ist Angst, genauer gesagt: Verlustangst. Ihr Gehirn *verselbstständigt* sich, schaltet die Logik aus und den Überlebensmodus ein.

Die Instinkte übernehmen die Kontrolle. Und das Resultat? Wir fliehen, greifen an oder stellen uns tot. Das sind keine optimalen Lösungen oder Zustände, und somit wollen wir sie natürlich vermeiden. Erfahrungsgemäß verlieren wir in solchen Phasen schnell den Überblick. Die verlockende Vermeidung bekommt die Oberhand: schönreden oder wegducken. Für Analysen, Erklärungen und logischen Argumenten ist man nicht zugänglich – und das hilft auch nicht gegen Angst.

Was jetzt hilft: Ordnung in die Gedanken bringen … beispielsweise, indem Sie aufschreiben, was Sie am meisten beunruhigt und welche Konsequenzen Sie für sich befürchten.

Phase 2 Innerer Widerstand wächst

Notwendige Veränderungen rufen Skepsis auf den Plan. Zwar sind Sie nicht mehr ganz so orientierungslos wie zu Beginn, dafür hinterfragen Sie öfter die Notwendigkeit von Veränderungen. Die passende Emotion ist in dieser Phase die Wut (sichtbar oder passiv), durch die Sie die Kraft entwickeln, Widerstand zu leisten. Es sind Formen des inneren Widerstands, geschürt von der Hoffnung, alles möge letztlich doch so bleiben, wie es ist.

Was jetzt hilft: Herausfinden, wogegen Sie konkret opponieren. Sie werden erkennen, dass Sie vor allem eines brauchen: mehr Informationen.

Phase 3 Neues Lernen

Angst und Zweifel verschwimmen und machen einem diffusen Gefühl des Unbehagens Platz. Und doch haben Sie das Gefühl, als müssten Sie alles, was Ihr Leben ausgemacht hat, völlig neu lernen. Es fehlt an Routine und neue Abläufe werden als kompliziert empfunden. Sie sind frustriert und glauben, die neuen Anforderungen nicht meistern zu können. Alles braucht doppelt so lang wie zuvor.

Was jetzt hilft: Bewährtes durch Neues ersetzen … und das immer wieder. Veränderung geht nie ohne Reibungsverluste ab und Erfolg stellt sich nicht automatisch ein.

Phase 4 Auf zu neuen Ufern

Wenn es Ihnen gelingt, die negativen Emotionen hinter sich zu lassen, sehen Sie zum ersten Mal wieder Licht am Horizont. Geben Sie auch kleinen Erfolgen die Chance, Sie glücklich zu machen. Veränderungen sind nicht per se negativ; wenn sie lange genug am Ball bleiben, wird Neues zur Gewohnheit. Sie spüren, wie Sie die Kontrolle über Ihr Leben zurückgewinnen und dass Sie die persönliche Veränderung ebenso persönlich selbst vorantreiben. Doch das hört sich leichter an, als es ist: Wegen vorhandener Restzweifel ist die Gefahr, in alte Muster zurückzufallen, noch nicht vorbei.

Was jetzt hilft: Vergangenheit ruhen lassen. Schauen Sie nicht so oft zurück, sondern konzentrieren Sie sich auf die Zukunft. Und Entscheidungen aus der Vergangenheit nicht stets aufs Neue zu hinterfragen hilft auch.

Phase 5 Die eigene Kraft spüren

Der Sturm ist vorbei, wenn er vorbei ist. Wie lange die Wirrungen und Unsicherheiten Sie umtreiben, ist Ihre Entscheidung. Lassen Sie sich nicht *fernsteuern* oder fremdbestimmen, nehmen Sie Veränderungen in Angriff, weil Sie sich selbst damit etwas Gutes tun wollen – und nicht, weil andere es Ihnen sagen. Es liegt in der Natur der Sache, dass Sie eine durchlebte Veränderung im Nachhinein als gar nicht so schwerwiegend empfinden. »Es ist das Beste, was mir passieren konnte!«: Wer so denkt, entwickelt Verständnis dafür, dass sich Dinge nur verändern können, wenn man sie zulässt, und dass Veränderungen durchaus positiv sein können, wenn man Ansichten und Perspektiven wechselt.

Was jetzt hilft: Fortschritte wahrnehmen und feiern. Achten Sie darauf, wie sich dank der distanzierten Betrachtung plötzlich eine innere Ruhe einstellt.

Phase 6 Das Leid des anderen ins eigene Leben integrieren

Integration, wie es im Fachjargon heißt, bedeutet, neue Erfahrungen in seinem Leben willkommen zu heißen. Die neu gewonnene Flexibilität macht es Ihnen möglich, in jedem Verlust auch eine Chance zu sehen. Daraus resultiert für die Zukunft eine nützliche Anpassungsfähigkeit.

Tipp für Angehörige

Denken Sie wie die Chinesen: In ihrer Sprache gibt es für das Wort *Krise* zwei Schriftzeichen – eines steht für *Gefahr,* das andere für *Möglichkeit.* Wählen Sie, wann immer es geht, die Möglichkeit.

Auf den Punkt gebracht: Die Kommunikationsfalle

»Zwischen dem, was gesagt, aber nicht gemeint ist, und dem, was gemeint, aber nicht gesagt ist, geht die meiste Liebe verloren.« Dieses Zitat von Khalil Gibran haben Sie bereits auf den ersten Seiten dieses Buchs gelesen. Wer mit einem erkrankten Partner, Elternteil oder Freund zusammenlebt und ihn durch seine Krankheit begleitet, weiß, wovon der Philosoph spricht. Kommunikation ist doch das Einfachste von der Welt – denkt man. Doch davon, wie schwierig es sein kann, bekommt man erst in Krisenzeiten eine wirkliche Idee. Ist einer der Gesprächspartner ernsthaft erkrankt, gerät er automatisch in die Defensive. Es kann aber auch genau umgekehrt sein.

Wir sprechen oft miteinander und reden doch aneinander vorbei. Das geht vielen Menschen so und in allen möglichen Situationen. Indem Sie beispielsweise versuchen, Sachverhalte möglichst schonend beizubringen, verdrehen Sie die Tatsachen. Oder Sie suchen so lange nach geschickten Formulierungen, dass der richtige Moment lange vorbei ist und die ausgefeilte Formulierung doch nur wie ein Vorwurf klingt – weil eben der Zusammenhang fehlt. Das ist weder neu noch ungewöhnlich – das ist normal. Und selbst wenn es normal ist, so bleibt es doch in manchen Situationen unvermeidbar. Niemand kann alle Fettnäpfchen umgehen.

Die Geschichte der Kommunikation ist die Geschichte von Missverständnissen. Es fehlt an Mut, offene Fragen zu stellen; es dominiert die Angst vor ehrlichen Antworten. Allzu oft wünscht man sich, die Gedanken des anderen lesen zu können und auf dessen Wünsche ebenso lautlos zu antworten. Das alles geht nicht, und trotzdem versucht man es immer wieder.

Statt das Kind beim Namen zu nennen, suchen wir nach Ausreden, ringen mit Worten, verstecken uns hinter Allgemeinplätzen: »Was kommen soll, kommt sowieso«, zum Beispiel. Das ist falsch. Denn es kommt so, wie man es will, besprochen, entschieden und herbeigeführt hat.

Nur wenige Bereiche des Lebens liegen tatsächlich außerhalb der eigenen Verantwortung und Gestaltungsmöglichkeit.

Gut miteinander reden erfordert:

- Nicht nur denken, auch aussprechen.
- Kommunikation auf Augenhöhe anstreben.
- Erwartungen klar formulieren.
- Verständnis und Verstehen durch Rückfragen absichern.

Unter Zeitdruck Entscheidungen treffen

Die schlimmste und häufigste Falle, in die man tappen kann, ist die Zeitfalle. Wenn plötzlich ein Ereignis eintrifft, das sofortiges Handeln erfordert, hat man – subjektiv betrachtet – das Gefühl, keine Zeit zum Nachdenken zu haben. Man muss handeln. Jetzt. Sofort. Gleich. Auf diesem Trugschluss basieren zahllose unbefriedigende Entscheidungen. Und häufig entscheidet man dann nach Gutdünken, was natürlich auch kräftig danebengehen kann.

So bestimmen Sie den Takt:

- Nehmen Sie Druck raus. Sie müssen keine Entscheidungen von Jetzt auf Gleich fällen. Für Fälle des sofortigen Handelns ist der Notruf zuständig. In allen anderen Fällen haben Sie Zeit.

- In der Ruhe liegt die Kraft – lassen Sie sich nicht beschleunigen und dadurch entkräften.
- Vertun Sie keine wertvolle Zeit mit Selbstvorwürfen.
- Verschaffen Sie sich mehr Zeit, indem Sie Zwischenlösungen wählen! Und dann erst einmal in Ruhe nachdenken …

KAPITEL 3

Die Verantwortung: das Rundum-sorglos-Paket

Das Gesundheitssystem versorgt seine Patienten. Doch was ist mit den Angehörigen? Bei Arztbesuchen sitzen sie still in der Ecke, ernten mürrische Blicke, wenn sie sich einmischen oder Fragen beantworten, die an den Patienten gerichtet sind. Dabei sind es genau die Angehörigen, die all die Informationen, Anweisungen, Therapien und Medikamente managen und koordinieren müssen. In der Folge wissen die Angehörigen oft mehr und genauer über die Erkrankung Bescheid als der Patient selbst.

Das ist jedoch keineswegs ein beruhigendes Gefühl, denn Sorgen und Ängste potenzieren sich dadurch und ein *Locker-Lassen* ist kaum mehr möglich. Es schleicht sich das Gefühl ein, ein *Stellvertreter* für den eigentlich Erkrankten zu sein. Und es ist keine gute Idee, die Eigenverantwortung des anderen gleich mit zu übernehmen.

All you can deal

Die Anforderungen, die das Zusammenleben mit einem chronisch Erkrankten mit sich bringt, sind mannigfaltig. Man ist ja als Angehöriger stets gerne hilfsbereit und deshalb merkt man oft (ein bisschen) zu spät, wie viel man sich damit *antut.* »Lass das, ich mach das« ist beispielsweise so ein Satz, der nur allzu leicht über die Lippen kommt. Am Anfang mag das ja alles noch gut und richtig sein, doch langfristig tut man sich selbst und dem Betroffenen keinen Gefallen damit. Doch hat man einmal die Verantwortung für dies und jenes übernommen, fällt es hinlänglich schwer, diese auch wieder zurückzugeben. Das sollte man aber tun, ehe die Last der Verantwortung einem notwendige Kräfte raubt.

Beispielsweise zum Arzt begleiten

Nach einer Schock-Diagnose, die die Gesundheit betrifft (sei es nun ein Herzinfarkt, Schlaganfall oder Multiple Sklerose), stehen normalerweise Arztbesuche bei verschiedenen Spezialisten an. Je nach Erkrankung sind Kardiologen, Neurologen oder (beispielsweise bei Krebs) Onkologen die ersten Anlaufstellen. Aber auch der Hausarzt als medizinischer Allrounder steht mit auf der *Besuchsliste.* Je nach Ursache der Erkrankung kommen noch verschiedene andere Fachärzte dazu, die zurate gezogen werden, um die Therapie individuell anzupassen.

Natürlich ist man – je nach Gesundheitszustand des betroffenen Angehörigen und dessen Mobilität – häufig (bis immer) mit dabei. Einerseits ist man neugierig und will Erkenntnisse gern aus erster Hand mitbekommen, andererseits belasten häufige Arzttermine auch das persönliche Zeitbudget. Es könnte ja immerhin sein, dass Sie auch noch einem Beruf nachgehen …

Wenn Ihr betroffener Angehöriger Sie bittet, ihn zu begleiten, dann ist es aus seiner Position heraus durchaus nachvollziehbar. Es ist nun mal so, dass vier Ohren immer mehr hören als zwei. Zudem ist es einfach beruhigend, wenn man nicht allein vor dem Arztschreibtisch sitzen muss, sondern einen vertrauensvollen Partner an der Seite hat.

Und zudem ist – insbesondere in Zeiten von Datenschutz und dann, wenn es um vertrauliche Persönlichkeitsrechte geht – dabei sein wirklich alles. Nur so können Sie sich aus erster Hand informieren, nachfragen oder beraten lassen, was wiederum zu Ihrer Entlastung und Beruhigung beitragen kann.

Solche Gespräche können wichtige Hintergrundinformationen vermitteln, sodass Sie wissen, womit Sie es zu tun haben, was auf Sie zukommen kann, wie die Prognosen sind, welche Therapiemöglichkeiten es gibt und wie Sie aktiv zur Genesung beitragen können.

Insbesondere Letzteres ist mit Vorsicht zu genießen, da manche Mediziner Angehörige gern als Alleinverantwortliche für die gesundheitlichen Belange des Betroffenen ansehen. Es gibt also solche, die nur (über den Kopf des Erkrankten hinweg) mit Ihnen kommunizieren, oder andersherum gerade so tun, als wären Sie Luft und sich nur dem Patienten widmen.

Allerdings verschaffen Ihnen Informationen zumindest ein Basiswissen, aufgrund dessen Sie besser abschätzen können, was Sie dem anderen zutrauen können, wobei Sie ihn unterstützen und in welchen Bereichen Sie sich zurücknehmen und weniger sorgen sollten.

Fürsorge ja – aber bitte nicht übertreiben

Bei allem, was Sie durchgemacht haben, seitdem Ihr Partner, Freund oder Elternteil erkrankt ist, sollten Sie (alsbald möglich) Ihre Fürsorge zurückfahren. Sie dürfen und sollen sich natürlich weiterhin kümmern, aber alles mit Maß und Ziel. Ihr Angehöriger braucht vielleicht noch Unterstützung, um gewisse Alltagssituationen zu bewältigen. Allerdings sollten Sie stets Teilbereiche (wann immer es möglich ist) zurückgeben.

So ist es beispielsweise normal, dass Sie Angst haben und nicht immer damit einverstanden sind, wie Ihr Angehöriger mit seiner Diagnose umgeht. Trotzdem müssen Sie lockerlassen:

- Rufen Sie also nicht im Minutentakt an, bloß weil sich Ihr Partner einmal um eine halbe Stunde verspätet.
- Schreiben Sie ihm nicht ständig vor, was er essen darf und was nicht.
- Tragen Sie ihm nicht alles hinterher und bemuttern Sie ihn nicht permanent.

Auch wenn es schwer sein mag, vertrauen Sie darauf, dass Ihr Partner auf seinen Körper hört. Selbst, wenn er unvernünftig ist. Es ist seine Verantwortung – und nicht Ihre.

Die Besserwisser-Falle

Im Eifer des Gefechts ist man manchmal versucht, dem Betroffenen Kompetenz absprechen. Dabei vergisst man häufig, dass eine komplette Verantwortungsübernahme auch wieder zurückgegeben werden kann. Falsch verstandene Verantwortungsübernahme wird häufig als *Besserwisserei* wahrgenommen. Natürlich weiß man manchmal wirklich etwas besser, gerade in der Beziehung von erwachsenen Kindern zu ihren alten Eltern. Aber selbst, wenn jemand weniger kompetent ist, hat er doch das Recht auf eine eigene Meinung.

Besser geht es so:

- Lassen Sie den Betroffenen selbst entscheiden, solange es möglich ist.
- Wer Kompetenz fördert, anstatt sie zu ignorieren, macht sich das Leben leichter.
- Selbstständigkeit zu erhalten geht nur, indem man Kompetenzen fördert.
- Und: Hören Sie einfach auf mit der Besserwisserei!

Das Leben geht weiter ... nur eben anders

Wenn alles gut läuft, kommt der Betroffene nach einiger Zeit an einen Punkt, an dem er sich an den Gedanken gewöhnt hat, dass die Welt für ihn nicht mehr so sein wird, wie sie vor seiner Erkrankung war. Es können körperliche oder mentale Einschränkungen sein, die ihn (vorübergehend oder dauerhaft) begleiten. Oft leidet auch die Seele, und es braucht Zeit, ein neues Gleichgewicht im Leben zu finden.

Phase der langsamen Neuorientierung

Aus der Sicht des Betroffenen

Im Idealfall durchläuft der Betroffene die drei Phasen der Veränderung kontinuierlich – von der Schockstarre der Diagnose über die Phase der aufbrechenden Gefühle hin zu einer Neuorientierung. Letzteres bedeutet, dass er seine Kraft nun darauf verwendet, sich mit seinem neuen Leben zu arrangieren.

Es gibt Menschen, die dann geradezu über sich hinauswachsen und ihre Einschränkungen nutzen, um nochmals ein völlig neues Leben zu beginnen. Aber das ist stark mit der Diagnose und entsprechend der Prognose für die Zukunft verknüpft. Manche starten beruflich noch einmal neu durch, allerdings in eine ganz neue Richtung. Andere schreiben ein Buch über ihre Erfahrungen, halten das Durchlebte in Bildern fest oder halten Vorträge, um anderen Betroffenen Mut zu machen.

Dabei ist es nur selten so, dass es ein kontinuierlich fortschreitender Weg ist. Die Betroffenen müssen auch lernen, besser mit ihren Ressourcen umzugehen. Fordern ja, aber Überforderung vermeiden.

Immer wieder kommt es dabei zu Phasen, in denen Trauer und Verlustverarbeitung im Vordergrund stehen. Oft rückt die Frage der persönlichen Wertschätzung in den Fokus. *Was bin ich noch wert, wenn ich zu nichts mehr nutze bin?*

Tipp für Angehörige

Manche Menschen bleiben auch in der ersten oder zweiten Phase stecken. Dann benötigen Sie andere Strategien und neue Denkansätze, um den Betroffenen zu unterstützen.

Aus der Sicht des Angehörigen

Für Sie wird nun manches leichter, weil eben der Betroffene auch ruhiger und gelassener ist. Sie können dann wieder Kräfte sammeln und mal an sich selbst denken. Sie verspüren die Hoffnung, das Schicksal gemeinsam meistern zu können.

Aber mit der Hoffnung ist es so eine Sache. Sie stirbt ja bekanntlich zuletzt. Realistisch gesehen müssen Sie sich auf Dauer daran gewöhnen, dass der Mensch an Ihrer Seite, sei es Partner, Elternteil oder Freund, nicht mehr der gleiche sein wird. Diese Trauerarbeit (im Sinne vom Abschiednehmen vom Gewohnten) findet auf beiden Seiten statt, zumal ihre

Pläne für eine gemeinsame Zukunft ja diesen Schicksalsschlag nicht vorgesehen hatten.

In der Phase der Neuorientierung ist es wichtig, dem Leben eine neue Struktur zu geben. Vor der Erkrankung gab es solch ein Struktur, die zumeist durch die berufliche Tätigkeit einen Grundrahmen vorgab. Jetzt sind die Prioritäten anders gesetzt.

Oft gleiten die Stimmungen ins Negative ab, und dann einen passenden Ausgleich zu schaffen, erfordert wiederum Engagement von Ihnen als Angehörigem.

Das neue Ich – Wahrheit oder Pflicht?

Krankheiten werden selbst heute in einer aufgeklärten Welt noch häufig als Stigma betrachtet. Sie sind ein Zeichen von Schwäche oder zumindest einer gewissen *Unzulänglichkeit*, die man vielleicht nicht so gern öffentlich machen möchte. So ist beispielsweise ein Herzinfarkt durchaus *gesellschaftsfähig*, eine Darmkrebsdiagnose hingegen wird zumeist schamhaft verschwiegen oder vertuscht.

Dann, wenn sich die Diagnose einmal *gesetzt* hat, muss man überlegen, wie man damit umgeht. Manche Betroffene entscheiden quasi *aus dem Bauch heraus*, welche Kommunikationsstrategie für sie die beste ist. Angehörige müssen – wohl oder übel – mitziehen. Ob das in jedem Fall so gesund ist, bleibt einmal dahingestellt.

Defizite kaschieren

Es gibt Menschen, die machen aus einer dramatischen Diagnose ein großes Geheimnis. Andere wiederum tragen *ihr Herz auf der Zunge* und informieren umgehend alle Freunde und Bekannten über die lebensverändernde Erkrankung. Jeden treibt dabei etwas anderes an, für alle geht es um eine optimale Problembewältigung. Aber nicht immer kann der Partner (oder Angehörige), der sich kümmert, diese Verarbeitungsstrategie mittragen.

Sehr häufig ist es so, dass es dem Betroffenen darum geht, den Schein zu wahren und sich mitleidige Blicke und Kommentare des Umfelds zu ersparen. Im psychologischen Fachjargon spricht man von einer *narzisstischen Kränkung*. Das bedeutet, dass das Selbstwertgefühl eines Menschen (in diesem Fall durch eine schwere Diagnose) einen herben Dämpfer bekommen hat. Die innere Leere, die damit verbunden ist, lässt sich nicht so schnell kompensieren, und deshalb zieht er sich von seinem Umfeld zurück. Das Letzte, was der Betroffene jetzt möchte, sind Mitleid und damit verbundene Hilfsangebote – wobei Menschen in solchen Situationen oft nicht zwischen Mitleid und Mitgefühl unterscheiden können. Am liebsten wäre es ihnen, sie könnten mit einer Tarnkappe durch den Alltag huschen, so beschämt fühlen sie sich. Schamhaft wird vertuscht, was nicht gezeigt werden soll, beispielsweise Schwäche oder körperliche Unzulänglichkeiten, die dem gängigen Gesundheitsideal nicht entsprechen.

Beispiele, wie Defizite kaschiert werden, gibt es unendlich viele: Wer nicht mehr so gut zu Fuß ist, bleibt zu Hause. Wer Probleme mit der Wortfindung hat, hüllt sich in Schweigen. Wem beim Treppensteigen die Luft wegbleibt, der nimmt den Lift. Und das alles nur, um zu vermeiden, dass die Erkrankung *öffentlich* wird.

Die meisten Betroffenen tun alles, um zu verbergen, wie es wirklich um sie steht. Aber auch innerhalb der Familie oder der Beziehung wird nicht offen darüber gesprochen. Es gilt ein unausgesprochener *Maulkorberlass*. Zu den schamhaften Ausreden kommen mehr oder minder raffinierte Ablenkungsmanöver seitens des Erkrankten. Und weil die Menschen, die ihm nahestehen, das natürlich durchschauen, werden sie zum Teil des Komplotts oder des *Schweigegelübdes*.

Ob und wie weit Angehörige dieses Verhalten mittragen können, ist individuell und verschieden.

Schamlos offen

Das absolute Gegenteil des Kaschierens von Defiziten ist das Bloßstellen. Zwar ist es einerseits nachvollziehbar, dass man nicht so gern darüber spricht und deshalb ein intimes Problem lieber mit sich selbst ausmacht.

Andererseits würde das offene Ansprechen so viele Vertuschungsmanöver unnötig machen. Doch so weit sind die Menschen, die erkrankt sind, vielleicht noch nicht.

Allerdings gibt es Betroffene, die frei über ihre Diagnose und Prognose sprechen – und zwar mit jedem. Für die Angehörigen ist das mitunter peinlich. Sie schämen sich sozusagen *stellvertretend* und meinen, der Betroffene mache sich das Leben damit unnötig schwer. Allerdings ist gerade das ebenfalls solch eine Verarbeitungsstrategie, wenn auch eine anstrengende.

Manchmal ist man geradezu peinlich berührt, wenn man so danebensteht und sich die Details der Erkrankung immer wieder mitanhören muss. Denn schließlich reagieren nicht alle, die so offen informiert werden, *angemessen*. Mancher ist neugierig, andere sind irritiert. Im Extremfall kann ein solch offener Umgang dazu führen, dass der Betroffene zunehmend isoliert wird. Und das betrifft dann die Angehörigen gleichermaßen.

Wie geht man mit Scham um?

Die Scham ist ein zwiespältiges Gefühl. Einerseits möchten wir am liebsten im Erdboden versinken, wenn uns etwas Peinliches passiert ist. Andererseits bettelt die Scham förmlich um Aufmerksamkeit, beispielsweise indem wir erröten und allein schon der hochrote Kopf alle Blicke auf sich zieht. Sie wird deshalb schnell zum Teufelskreis. Zudem ist Scham auch ansteckend. Oft schämen sich Angehörige für die Betroffenen, die nicht mehr so sind, wie sie früher einmal waren. Es ist ihnen aber ebenso unangenehm, wenn die Betroffenen offen über ihre Erkrankung sprechen.

Dazu gibt es zwei grundsätzliche Regeln:

- Jeder Betroffene hat ein Recht auf Intimität und darf deshalb so mit seiner Diagnose umgehen, wie es sich für ihn richtig anfühlt.
- Jeder Betroffene ist selbst dafür verantwortlich, wenn er seine Erkrankung sozusagen *öffentlich* macht.

Sie als Angehöriger müssen flexibel sein. Es ergibt keinen Sinn (und macht nichts besser), wenn Sie Ihren Partner oder betroffenen Angehörigen kritisieren. Sehen Sie ihn vielmehr als *Suchenden*: Er sucht Antworten, sammelt Reaktionen und wünscht sich nichts mehr, denn als die Person, die er ist, anerkannt zu werden.

Was wäre, wenn ...

Jeder kennt diese Gedankenspiele, in denen man sich vorstellt, was alles passieren kann. Nur selten sind solche Vorstellungen schön und gut, zumeist drehen sie sich um befürchtete *Worst-case*-Szenarien ohne konkreten Hintergrund. Wer mit erkrankten Angehörigen zusammenlebt, der muss sich mit solchen düsteren Gedanken auseinandersetzen. Nur anstecken lassen sollte man sich nicht ...

Was ist Angst?

Angst ist an sich eine natürliche und sinnvolle menschliche Emotion. Sie hilft, sich in gewissen Situationen angemessen zu verhalten, und bewahrt uns Menschen davor, unnötige Risiken einzugehen. Mit zunehmendem Alter werden die Menschen immer ängstlicher. Auch eine schwere Diagnose wird als Bedrohung empfunden und löst deshalb Angst aus. Das liegt in der Natur der Sache, weil die nachlassenden körperlichen Kräfte oder andauernde Schmerzen unsicher werden lassen. Wohin dann mit der Angst, wenn man nicht mehr weglaufen kann?

Es ist durchaus spannend, genauer hinzuschauen, woher der Begriff kommt. Das Wort *Angst* hat verschiedene (lateinische und griechische) Wurzeln und bedeutet stets in der Übersetzung *würgen* oder *die Kehle zuschnüren*. *Angst* hat aber auch den gleichen Wortstamm wie *eng*. All das trägt nicht unbedingt dazu bei, neue Erkenntnisse zu gewinnen, vielmehr liefert die Übersetzung das Gefühl von Angst geradezu bildhaft mit. Und es beschreibt die Symptome, die damit einhergehen.

Angst macht klein

Angst zum Beispiel lässt uns häufig zusammenkauern, unser Körper verkrampft sich automatisch. Wenn wir uns dessen bewusst werden, können wir uns dagegen wehren, uns physisch aufrichten, tief durchatmen und … fühlen uns dadurch besser. Untersuchungen zeigten, dass pessimistische Menschen, die mit einem miesepetrigen Gesicht unterwegs sind, einen weniger gut durchbluteten Rücken haben.

Für gesunde Menschen ist das Gefühl von Angst ein guter Ratgeber in ungewissen Situationen oder wenn es darum geht, unnötige Risken zu meiden. Wie den meisten Emotionen (vgl. Kapitel 2) hat auch die Angst immer eine körperliche Komponente. Es ist eine *lähmende*, aber auch zugleich eine *mobilisierende* Emotion. So sind Menschen, die sich vor einer drohenden Gefahr ängstigen, manchmal zu Leistungen fähig, die ihnen unter normalen Umständen nicht möglich gewesen wären. Angriff ist nun mal die beste Verteidigung.

Die Angst als ständiger Begleiter

In Phasen der Unsicherheit und insbesondere, wenn man gesundheitlich angeschlagen ist, kann die Angst zum ständigen Begleiter werden. Das äußerst sich insbesondere durch eine negative, eingeschränkte Weitsicht. Zu viel Angst macht krank, weil sie dazu führt, dass sich die Betroffenen ständig Sorgen machen. Dann wird aufgestaute Angst auch zur Aggression.

Mit zunehmendem Alter und bei Krankheit nimmt die Fähigkeit ab, mit Angst angemessen umzugehen. Das bedeutet, dass die Angst nicht hinterfragt oder als vorübergehendes Phänomen betrachtet wird, sondern vielmehr zur *Brille* wird, durch die alle Ereignisse bewertet werden. In Bezug auf schwere Erkrankungen hat Angst auch immer etwas mit Kontrollverlust und Ungewissheit zu tun.

Was alles nur noch schlimmer macht, ist der soziale Rückzug, der daraus folgt. Anstatt darüber zu sprechen, machen Betroffene vieles mit sich alleine aus. Erkrankten Menschen fällt es häufig schwer, sich einer anderen Person anzuvertrauen. In der Summe zeigen sie weniger Gefühle und reagieren manchmal misstrauisch auf Zuwendung.

Wie geht man mit Angst um?

Trauen Sie sich, das Thema *Angst* anzusprechen und auszusprechen. Dadurch holen Sie das bedrohliche Gefühl aus der Dunkelheit und aus dem Zwang, es zu verbergen. Geteilte Angst verliert an Kraft und Gewalt. Seien Sie also mutig und fragen Sie, ob der betroffene Angehörige Angst hat – und wenn ja, vor was.

Zum Umgang mit Angst gibt es zwei grundsätzliche Wahrheiten:

- Angst halbiert sich, wenn man sie teilt.
- Angst verdoppelt sich, wenn man versucht, sie zu verbergen.

Wer Angst hat, braucht Sicherheit. Das ist leichter gesagt als getan. Denn eine schwerwiegende Diagnose bietet nun mal wenig Ansatzpunkte, optimistisch in die Zukunft zu schauen. Oft stecken jedoch jetzt Freude und Glück in den kleinen Dingen. Auch gemeinsam verbrachte Zeit oder das Schwelgen in Erinnerungen kann Angst entgegenwirken.

Nun sind Sie als nahestehender Partner, Freund oder Angehöriger sicher nicht frei von Angst und Sorge. Auch Sie wissen nicht, was die Zukunft bringt. Denn die dritte grundsätzliche Wahrheit über die Angst ist, dass man sich durchaus anstecken kann mit einer allumfassenden pessimistischen Stimmungslage.

Worauf Sie verzichten können:

- Es ist nicht notwendig, sich für Missgeschicke oder eine unglückliche Wortwahl permanent zu entschuldigen. Gehen Sie über verbale Angriffe geflissentlich hinweg. Seien Sie rücksichtvoll mit sich und dem anderen.
- Streit und Diskussionen um stets die gleichen Themen sind überflüssig. Versuchen Sie beides zu vermeiden!

- Loben Sie viel und kritisieren Sie wenig – das ist vielleicht gewöhnungsbedürftig, sorgt aber für mehr Harmonie im Alltag.

Wenn Sie spüren, dass die Angst des Partners Sie ängstlich werden lässt, besteht durchaus die Gefahr für Sie selbst, ernsthaft zu erkranken. Kapitel 5 in diesem Buch beschäftigt sich ausführlich damit.

Zu viel Vorsicht – zu viel Rücksicht

Wer nichts macht, macht auch nichts falsch. Lieber raushalten, alles dem Zufall überlassen, anstatt Position zu beziehen und gezielt zu handeln ... Aus übertriebener Vorsicht und einem zu hohen Maß an Rücksichtnahme kommen manche wichtigen Entscheidungen nie zustande. Ob es sich dabei um Taktik oder echtes Mitgefühl handelt, man wird es wohl nie herausfinden. Manche Menschen nehmen so viel Rücksicht auf den Erkrankten, dass nie irgendwelche klaren Entscheidungen getroffen werden können. So vergeht so viel wertvolle Zeit, die man besser nutzen könnte, um Perspektiven für die Zukunft zu entwickeln. Manchmal ist es eben leichter, sich als Opfer der Umstände darzustellen, denn als Mensch, der einen Fehler gemacht hat.

Schluss mit Rücksicht:

- Sich Gedanken machen und handeln – daraus wird Zukunft gemacht.
- Wer Mut beweist, kommt zu klaren Ergebnissen.
- Sie haben die Pflicht und das Recht, mutig zu entscheiden – ohne das kommt nichts voran.
- Besser zu Fehlern stehen, als Opfer der Umstände zu werden.
- Verlassen Sie sich auf Ihr Herz und Ihren Verstand!

Angst-Management

Leben Sie mit einem Menschen zusammen, der schwer erkrankt ist, müssen Sie sich der Angst stellen – den Ängsten des Betroffenen und Ihren eigenen.

Menschen, die beispielsweise bereits einen Herzinfarkt hatten, haben ein höheres Risiko, einen weiteren Infarkt zu erleiden. Betroffene, die den Krebs *besiegt* haben, fürchten ein Rezidiv. Wer an Multipler Sklerose (MS) leidet, *wartet* auf den nächsten Schub. Jede Diagnose erhöht die persönliche Aufmerksamkeit und schürt Ängste. Ganz vergessen kann man es halt nicht.

Mit diesen Sorgen sind die Betroffenen nicht allein, denn auch Angehörigen macht es oft besonders Angst, nicht zu wissen, was die Zukunft bringt. Doch man gewöhnt sich daran. Während Sie am Anfang häufig daran denken werden, nimmt die Angst mit der Zeit ab.

Dennoch sollten Sie für den Fall der Fälle vorbereitet sein – nicht nur, um Ihrem Partner im Ernstfall helfen zu können, sondern auch, um selbst beruhigter zu sein. Insofern ist Wissen über mögliche Folgeerkrankungen und notwendige Soforthilfemaßnahmen wichtig. Sprechen Sie Ihren Hausarzt an oder machen Sie es beim nächsten Facharzttermin zum Thema. Fragen wie: »Mit welchen Komplikationen muss ich rechnen?«, »Wie kündigt sich ein neuer Krankheitsschub an?« oder »Welche Symptome sollte ich kennen bzw. worauf sollte ich achten?«, darf man stellen. Vielleicht ist es auch sinnvoll einen Erste-Hilfe-Kurs zu belegen.

Versuchen Sie allerdings, nicht gleich in Panik zu geraten, wenn sich der Betroffene nicht ganz wohlfühlt. Es kann sich durchaus auch um eine harmlose Erkrankung handeln. Mit der Zeit und dem nötigen Wissen über die Grunderkrankung entwickeln Sie nach und nach ein Gefühl dafür, wann es wirklich ernst ist und Sie handeln müssen.

Davon abgesehen, sollten Sie sich nicht selbst verrückt machen, also deshalb eher darauf vertrauen, dass Ihr betroffener Angehöriger mit Ihnen spricht, wenn er Ihre Unterstützung braucht oder sich nicht wohlfühlt. Vergessen Sie nicht, dass Sie (je nachdem) in erster Linie immer noch ein Paar sind (eine Familie, Freunde oder was auch immer ihre Beziehung am besten beschreibt) und nicht Pflegepersonal und Patient.

Gerade das sollten Sie nie vergessen, denn nur so können Sie im Laufe der Zeit (unnötige) Verantwortung abgeben und das gemeinsame Leben auch mal wieder von der *leichten* Seite genießen.

Zeit für sich selbst nehmen

Besonders in der ersten Zeit nach einer Diagnose dreht sich alles um die neue Situation. Doch bei aller Organisation und der Sorge, die Sie sich um Ihren Partner (Vater, Mutter oder Freund) und Ihr gemeinsames Leben machen, sollten Sie eines nicht vergessen: sich selbst. Denn wenn Sie sich und Ihre Bedürfnisse in einem Strudel aus Aufgaben und Sorgen vernachlässigen, hilft dies weder Ihnen noch Ihrem erkrankten Angehörigen.

- Gönnen Sie sich deshalb bewusst Auszeiten. Gehen Sie spazieren, ins Kino oder zum Sport, treffen Sie sich mit Freunden, lesen Sie ein gutes Buch oder gönnen Sie sich etwas anderes, das Ihnen guttut.
- Versuchen Sie, abzuschalten, Ihre Sorgen für eine Weile zu vergessen, und konzentrieren Sie sich ganz auf die Dinge, die Ihnen Kraft geben. Damit helfen Sie nicht nur sich selbst, mit der Situation besser umgehen zu können, sondern können auch wieder ganz für Ihren betroffenen Angehörigen da sein.
- Wie wichtig das ist, werden Sie erst dann richtig verstehen, wenn Sie es einmal gewagt haben, aus dem Kokon der Rundum-Versorgung herauszukommen. Das ist harte Arbeit, denn die stete Angst, es könnte ausgerechnet dann etwas passieren, wird Sie noch eine ganze Weile begleiten.
- Und was Sie ganz dringend brauchen, sind neue Impulse und Idee, um den düsteren Stimmungslagen des (Pflege-)Alltags zu begegnen.

Wie stellst du dir die Zukunft vor?

Diese Frage sollte unbedingt gestellt werden, denn der Weg aus der Angst funktioniert nur mit einem Perspektivenwechsel. Wenn da niemand *am*

Rad dreht oder heikle Fragen nicht diskutiert werden, kocht *jeder im eigenen Saft.*

Gegen die Angst

Die zentralen Fragen sind:

- Was können Sie tun, um dem Betroffenen seine Ängste zu nehmen?
- Wie können Sie ihm Mut machen, die Möglichkeiten auszuschöpfen, die ihm bleiben?
- Womit können Sie ihn trösten, auch wenn er nie mehr völlig gesund werden wird?

Fragen Sie ihn beispielsweise, was passieren müsste, damit er wieder Freude am Leben hat. Zumindest in der ersten Zeit nach der Diagnose wird wahrscheinlich die erste Antwort lauten: Dass das Leben wieder so wird wie früher. Lassen Sie es nicht bei dieser Antwort bewenden, sondern fragen Sie nach, was sein jetziges Leben ein bisschen lebenswerter machen könnte. Lassen Sie ihn möglichst viele unterschiedliche Vorschläge machen. Je mehr Möglichkeiten er findet, umso mehr Lebensmut fasst er.

Versuchen Sie so, mit ihm zusammen herauszufinden, weshalb es sich für ihn lohnt weiterzuleben. Will er beispielsweise einen bestimmten Hochzeitstag feiern? Die Geburt seines Enkels erleben? Gibt es noch eine Aufgabe, die er sich für sein Leben vorgenommen hat?

Was darüber hinaus nützlich ist:

- Helfen Sie ihm, sein Selbstwertgefühl zu stärken. Suchen Sie nach Aufgaben, die er erledigen kann und bei denen er Erfolgserlebnisse hat. Es ist wichtig für ihn zu erleben, dass er einen Beitrag leisten kann. Welcher das im Einzelfall sein kann, hängt natürlich vom Grad der Einschränkung ab. Legen Sie die *Messlatte* nicht zu hoch. Es braucht Erfolge und nicht Niederlagen.
- Loben Sie jede kleinste Aktivität und jeden Schritt aus der Hoffnungslosigkeit. Später genügt es, nur noch die weiteren Fortschritte zu loben und sich mit ihm darüber zu freuen.

- Betroffene neigen dazu, Ihren Blick darauf zu lenken, was sie alles nicht mehr tun können. Eine *Erfolgsliste* lenkt deshalb die Aufmerksamkeit auf das, was noch funktioniert.
- Beschäftigen Sie ihn mit den Fragen: Was habe ich jetzt noch an Möglichkeiten, Freude zu empfinden? Wie kann ich meinen Körper entspannen und weniger Schmerzen verspüren? Wie kann ich mir und meinem Körper heute etwas Gutes tun? Was möchte ich heute Schönes erleben? Wie kann ich meine Lebensqualität noch weiter steigern? Was habe ich noch an Möglichkeiten, mein Leben zu gestalten?
- Versuchen Sie, ihn zu überreden, Dinge auszuprobieren. Wenn er jeden Ihrer Vorschläge sofort abtut, können Sie sich vielleicht etwas überlegen, was Ihnen früher gemeinsam Spaß gemacht hat.

Apropos Spaß: Trübe Gedanken lassen sich durch Lachen am besten vertreiben.

Auf den Punkt gebracht: Schluss mit der Selbstverleugnung

Glück ist kein Geschenk des Himmels, sondern das Ergebnis Ihrer inneren Einstellung. Wenn Sie weiterhin Ihre eigenen Bedürfnisse ignorieren oder denen des Betroffenen eine höhere Priorität beimessen, sitzen Sie früher oder später in der Falle – in der Selbstverleugnungsfalle nämlich. Es ist typisch für besorgte Angehörige, die Bedürfnisse des Erkrankten vor die eigenen zu stellen. Tatsache ist jedoch, dass für Sie durch die Verleugnung eigener Bedürfnisse nichts besser wird – und den Lauf der Dinge können Sie dadurch auch nicht aufhalten.

Angesichts der zu lange ignorierten Veränderungen in der Beziehung ist es logisch, dass man erst einmal die eigenen Bedürfnisse und Wünsche für nicht so wichtig erachtet. Doch das ist grundsätzlich falsch: Man kann nur dann vollen Einsatz bringen, wenn es einem selbst gut geht – und es kann einem nicht gut gehen, wenn man die eigenen Bedürfnisse (so profan sie auch vielleicht scheinen) ignoriert. Erinnern Sie sich immer wieder an das Bild von der Autofahrt: Sie fahren mit vollem Tank los, und je schneller und aggressiver Sie fahren, Gas geben und bremsen, desto schneller ist der Tank leer. Mit einer ökonomischen Fahrweise kommen Sie einige Kilometer weiter – und erreichen Ihr Ziel sicherer und unter Umständen schneller. Auf alle Fälle aber sind Sie entspannter und ausgeruhter, wenn Sie Ihr Ziel erreichen. Mit Vollgas schießt man schnell mal übers Ziel hinaus. Die Energie verpufft, und das Ergebnis ist nicht selten unbefriedigend.

So schaffen Sie es, Ihre Energie in sinnvolle Bahnen zu lenken:

- Eigene Bedürfnisse lassen sich nur kurzfristig zurückstellen. Setzen Sie Ihre Kraft planvoll ein.
- Denken Sie grundsätzlich nach, bevor Sie handeln. So lassen sich Fehler, die wiederum Kraft für Korrekturen kosten, vermeiden.
- Fragen Sie, wie viel Einsatz erwünscht ist – und schauen Sie genau hin, wie viel Einsatz gebraucht wird.
- Sorgen Sie für Ausgleich: Anspannung braucht Entspannung! Gönnen Sie sich Auszeiten!

KAPITEL 4

Unbezahlbar – die Bilanz der guten Taten

Was ist gute Pflege wert? Fakt ist, dass sie zwar viel kostet, aber *wenig wert* zu sein scheint. Allerdings ist das, was pflegende Angehörige so alles leisten, ohnehin unbezahlbar. Eine schwere oder chronische Erkrankung kostet Geld – und zwar ganz abgesehen von einer Versorgung durch das von der Krankenversicherung gestützte Gesundheitssystem. Manchmal muss man (für eine gewisse Zeit zumindest) auf ein zweites Gehalt verzichten. Krankengeld, Versicherungsleistungen (beispielsweise aus einer Berufsunfähigkeitsversicherung) oder Rentenansprüche müssen beantragt und durchgeboxt werden. Auch damit lassen sich keine großen Sprünge machen. Überhaupt ist der ganze Papierkram wieder so ein typischer Angehörigenjob, der erstens undankbar und zweitens nervenaufreibend ist.

Aber wie ist das denn mit der eigenen Berufstätigkeit? Geht da noch was – und wenn ja, wie viel? Manchmal sind solche beruflichen Zwänge aber auch eine ganz willkommene Abwechslung zum Pflegealltag. Diese immer wieder mögliche kleine Flucht, die wiederum mit schlechtem Gewissen quittiert wird, ist ein zweischneidiges Schwert.

Was ein Mensch zum Leben braucht

Menschen brauchen zum Überleben Wärme, Nähe und Empathie: jemanden, der da ist, einen in den Arm nimmt oder in die Augen schaut. Idealerweise ist dies ein anderer Mensch, dem er vertraut, auf dessen

Urteil er bauen kann und vor dem er sich nicht schämen muss, wenn es mal ganz arg kommt. Wer so jemanden hat, der kann sich glücklich schätzen.

Andererseits ist das *Sich um andere kümmern* jeden Tag eine neue Herausforderung. Noch funktioniert es mit der generationenübergreifenden Fürsorge ganz gut. Was die Zukunft bringt, weiß man nicht.

Im Zentrum der Fürsorglichkeit steht noch immer die Familie – der größte (kostenlose) Pflegedienst überhaupt. 70 bis 75 Prozent davon sind Angehörige, die sich kümmern – und überwiegend sind es Frauen, die so hilfsbereit sind. Manchmal sind es aber auch andere – die Beziehungsstrukturen sind mannigfaltig: Sich kümmern, dieser Aufgabe stellen sich Freunde und Kollegen, natürlich auch Lebenspartner und Lebenspartnerinnen und selbstverständlich Väter und Mütter, Töchter und Söhne. Die Hilfsbereitschaft, so scheint es zumindest, ist groß – allen Schwierigkeiten zum Trotz.

Das könnte sich bald ändern, denn die Gesellschaft befindet sich auf dem Rückzug. Je älter man wird, desto brüchiger wird das soziale Netzwerk, und wenn dann noch jemand auf Hilfe angewiesen ist, verabschiedet man sich besser, bevor man noch gefragt wird, ob man nicht helfen könnte. Darüber zu philosophieren ist müßig. Aber es fehlen häufig allein die persönlichen Erfahrungswerte, was es denn bedeutet, für einen anderen Menschen da zu sein.

Ich bin für dich da!

Das ist vielleicht schnell gesagt, aber nur schwer (vor allem dauerhaft) mit Leben zu füllen. Menschen sind soziale Wesen und in diesem Sinn auch voneinander abhängig. Es geht auch um *Altruismus*, was umgangssprachlich so viel wie *Selbstlosigkeit* bedeutet.

Diese Selbstlosigkeit impliziert, spontan und ohne groß nachzudenken zu reagieren, ohne dafür eine Belohnung zu erwarten, ohne dazu gedrängt oder aufgefordert zu werden. Das klingt erst einmal toll, ist aber gar nicht so einfach, wenn man ins Detail geht oder längerfristig Hilfe anbietet.

Die selbstlose Unterstützung bedeutet nämlich auch, dass man freiwillig seine Ansprüche zugunsten eines anderen zurückstellt. Das geht kurzfristig noch ganz gut, aber langfristig läuft man immer Gefahr, selbst zu kurz zu kommen. Die eigenen Interessen hintanzustellen, um einem vermeintlich Schwächeren zu helfen, ist zwar ehrenwert, aber zumeist ohne *geldwerten* Vorteil. Allerdings geben wir ja immer irgendetwas: beispielsweise Trinkgeld im Restaurant oder wir spenden für Kinder in Afrika. Diese Selbstlosigkeit tut nicht weh und ist Mitgefühl aus der Distanz heraus.

Doch was bekommen wir dafür, dass wir uns um andere kümmern? Haben wir vielleicht doch einen Hintergedanken? Oder erhoffen wir uns nicht zumindest einen Dank?

Tatsächlich spekulieren nur die wenigsten, die einem Angehörigen helfen, auf einen – wie auch immer gearteten – Ausgleich. Das sagen zumindest diverse Studien. Dennoch spielt der Gedanke an einen Vorteil sehr wohl eine Rolle – wenn auch nicht bewusst. Es ist vielmehr so, dass es für ein gutes Image sorgt, anderen zu helfen. Die soziale Anerkennung lässt uns zufrieden sein, und wir haben das gute Gefühl, etwas Wertvolles zu tun.

Aber das allein macht noch keine für alle Seiten befriedigende Beziehung zwischen Betroffenen und dem aus, der den anderen unterstützt. Denn kümmert man sich um einen Erkrankten, darf dieses Engagement nie allein von Selbstlosigkeit getragen sein, weil man sich sonst manchmal selbst verliert.

Es geht aber auch anders: Man kann nämlich Betroffenen das Leben schöner machen, ohne dass man sich gleich selbst vergisst. In der Fürsorge füreinander entstehen einzigartig tiefe und wertvolle Verbindungen, die damit das eigene Leben bereichern. Das gilt trotz aller Mühsal, trotz aller Anstrengung – und auch dann, wenn das Leben dadurch komplizierter wird, als es zuvor war.

Ich bin für dich da sollte also mehr als ein schnelles Lippenbekenntnis sein. Es ist vielmehr eine Entscheidung, die man trifft, die (wenn es sein muss) täglich hinterfragt wird – und die – im Zweifelsfall – auch zurückgenommen werden kann.

Ich bin dann mal weg!

Wenn es nicht gerade darum geht, den Jakobsweg entlangzuwandern, ist die Entscheidung, sich persönlich aus der Pflegesituation zu ziehen, ziemlich schwer und langwierig. Überhaupt ist Weglaufen eine ganz feige Option, so wie der genervte Ehemann, der früher mal sprichwörtlich zum *Zigaretten holen* ging und niemals wieder gesehen war.

Leichter wäre es für Betroffene und ihre Angehörigen, wenn sie nicht gemieden würden. Aber das ist leider viel zu selten.

Wie sich das Umfeld verändert

Eine der häufigsten Reaktionen, die Erkrankte erleben: Alte Bekannte wechseln plötzlich die Straßenseite, Freunde rufen nicht mehr an und Zeit, einfach mal so spontan vorbeizuschauen, hat auch niemand mehr.

Krebs, Multiple Sklerose, Schlaganfall und andere schwere Erkrankungen richten nicht nur mit der Gesundheit des Betroffenen mitunter Verheerendes an. Sie zerstören zugleich auch erhebliche Teile des Soziallebens des Erkrankten und das seiner Familie und Partner gleich mit. Und das passiert erstaunlicherweise oft auch dann, wenn es keine ersichtlichen Gründe dafür gibt: Also nicht deshalb, weil die Person nicht mehr so gut teilhaben *kann* – sondern weil man sie nicht mehr teilhaben *lässt*.

Eine der häufigsten Reaktionen, die Erkrankte und ihr Umfeld erleben, ist das *Ausweichen*. Nachbarn verschanzen sich hinter Haustüren, der Plausch am Gartenzaun war gestern, heute ist Wegschauen angesagt. Zufällige Begegnungen werden abgekürzt, weil man plötzlich noch schnell was besorgen muss. Aber man meldet sich … garantiert (nicht wieder).

Dabei ist es doch völlig okay, wenn Außenstehende vom Schrecken schwerer Krankheiten oder anderer Schicksalsschläge eingeschüchtert sind. Auch die Angst, etwas Falsches zu sagen, ist normal und nicht ganz unberechtigt. Schließlich gibt es sehr viele Möglichkeiten, der Krankheit noch eine Kränkung hinzuzufügen. Gern genommen: »Und glaube mir, das ist für mich schlimmer als für dich.«

Unsicher sein ist erlaubt!

Wer vorsichtshalber gar nicht mehr mit kranken Freunden redet, macht trotzdem am wenigsten richtig. Eine Faustregel kann hier sein, dass man sich bemüht, zumindest auf dem gleichen Level an Vertrautheit und Verbindlichkeit zu bleiben wie zuvor. Unsicher im Umgang mit Betroffenen zu sein ist völlig normal. Aber ihnen vorzuhalten, dass sie irgendwann einmal ja die Unterstützung abgelehnt haben, sollte nicht *in Stein gemeißelt* bleiben. Wie man mit den eigenen Ängsten umgeht, ist individuell – nur dem Betroffenen und dessen Umfeld einen Vorwurf daraus zu machen, darauf sollte man verzichten.

Wer trägt die Verantwortung?

Eine Gesellschaft, die so leidenschaftlich für die Vereinbarkeit von Familie und Beruf eingetreten ist, hat ein drohendes Problem erfolgreich verdrängt: Die Vereinbarkeit von Alters- (oder Erkrankten-)Fürsorge und Familie und Beruf. Aber warum sollte man sich auch darum kümmern? Schließlich ist die Gesellschaft nicht für die Lösung privater Probleme zuständig – oder? Sich um andere zu kümmern, bleibt also ein privates Risiko. Doch wer trägt es im Zweifelsfall?

In Bezug auf Eltern-Kind-Beziehungen scheint die Sache klar: Unsere Eltern haben uns versorgt, als wir klein waren – jetzt, wenn wir erwachsen sind, ist es unsere Pflicht, etwas davon zurückzugeben. Nun sind Beziehungen zwischen Eltern und Kindern hinlänglich kompliziert – und nicht immer lässt sich fürsorgliche Unterstützung nach dem Gegenseitigkeitsprinzip aufwiegen. Zumal haben Paare in den letzten Jahren immer weniger Kinder bekommen, und somit verteilt sich nur noch selten die Last auf mehrere Schultern. Zumindest sollte man das denken.

Aber nun ist es leider ja auch häufig so, dass eine Situation, wie eine plötzliche Diagnose, die das Leben verändert, wesentlich früher eintritt, als man dachte. So stehen natürlich auch Familienangehörige gleichermaßen wie Lebenspartner mit in der Verantwortung.

Im Idealfall bekommt man aber auch Unterstützung von Freunden und Bekannten, doch leider kann man sich darauf nicht unbedingt verlassen. In einer Gesellschaft, in dem Ellenbogen mehr als soziales Engagement zählen, sind freie Ressourcen nur selten verfügbar. Und überhaupt wird das so viel gerühmte soziale Netzwerk immer durchlässiger, wenn eine Situation der Verantwortungsübernahme (wenn auch nur in Teilbereichen) ansteht.

Fluchttendenzen sind weit verbreitet, und deshalb wird der Kreis der Helfer ad hoc kleiner als man es sich gedacht hatte.

Zu stolz, um Hilfe anzunehmen

Betrachten wir beispielsweise Kinder gegenüber ihren Eltern. Wir als Kinder haben aus dieser Position heraus immer auch das Gefühl, »ihnen etwas schuldig« zu sein – und sei es nur deshalb, weil es uns gibt. Solche Schuldgefühle sind weit verbreitet, aber gerade in Zeiten von Krankheit ein schlechter Ratgeber. Sie führen nämlich dazu, dass wir mehr machen, als uns guttut, oder uns mehr engagieren, als notwendig wäre. Schuldgefühle sind es, die uns klein und mickrig machen, die unser Handeln in bestimmte Bahnen lenken und den Überblick verwehren.

Klein, klein, eng, eng – kein Wunder, dass daraus kein großzügiges Arrangement werden kann. Schuldgefühle treiben uns zu faulen Kompromissen und stiften zur Wiedergutmachung an. Schließlich ist nie abgedient, was der andere für uns getan hat. Gerade in Eltern-Kind-Verhältnissen kommt es vor, dass Eltern diese Schuldgefühle hegen und pflegen. Sie können nicht genug bekommen von der Aufmerksamkeit, die daraus erwächst. Manche alten Eltern sind regelrecht süchtig nach solcher Aufmerksamkeit und kultivieren sie sorgsam. Gefangen in solch einem Teufelskreis aus Schuld und Sühne, ist eine bewusste Entscheidung nicht möglich, deshalb muss man da herauskommen und neue Grenzen setzen.

So machen Sie sich frei von Schuldgefühlen:

- Allein das Erkennen von solchen Schuldgefühlen nimmt diesen die Macht, die sie haben.
- Um die entsprechenden Verhaltensmuster zu durchbrechen, ist etwas mehr Distanz die beste Therapie.
- Lassen Sie sich keine Schuldgefühle einreden, sondern handeln Sie aufgrund echter Informationen und Fakten.
- Nehmen Sie im Umgang mit Ihren Eltern jede Hilfe an. Entscheidend ist nicht unbedingt, wer etwas tut, sondern dass es getan wird.

Jeder tut, was er kann

Jeder Mensch hat andere Stärken und Schwächen, und gerade jetzt darüber zu diskutieren, ist sicher der falsche Zeitpunkt. Nur weil jemand etwas besser kann, muss er noch lange nicht der Richtige sein, um es auch in diesem Fall (wenn es darum geht, die Verantwortung zu übernehmen) zu tun. Und erwarten Sie bitte keine Dankbarkeit, wenn Sie anderen die Arbeit abnehmen, die sich vielleicht zu fein dafür sind. Geteilte Verantwortlichkeiten mit klaren Grenzen, das ist das Ideal. Da sich aber im Fall von alten Eltern hauptsächlich Geschwister streiten, ist dies besonders hart.

Wer macht das Grobe, Praktische, Alltägliche? Wer übernimmt das große Ganze, bestimmt, wer was zu leisten hat, verwaltet beispielsweise das Vermögen? Die *Gewaltenteilung* ist (leider) auch heute noch klar geregelt – die Frauen fürs Grobe, die Männer fürs Feine. Darüber gibt es natürlich Streit. Anlass für solche Differenzen gibt es viele; wer näher am Elternhaus wohnt, hat beispielsweise immer mehr Verantwortung (oder Verpflichtung), als der, der weiter weg ist.

So setzen Sie dem Kompetenzgerangel ein Ende:

- Wer es besser weiß, soll es auch besser machen.
- Viele Köche verderben den Brei; machen Sie Ihren Platz am Herd (vorübergehend) frei.
- Versuchen Sie, eine Einigung mit klaren Verantwortlichkeiten zu finden.
- Bloß nicht alles an sich reißen aus Angst, schlecht dazustehen: Es geht nicht um Liebe und Anerkennung Ihrer Eltern, sondern um deren Versorgung.

Hilfe annehmen – gar nicht so einfach

Gesetzt den Fall, Sie und Ihr Partner sind in der Situation nicht auf sich allein gestellt. Wenn Familie und Freunde da sind, wenn sich das Leben zunächst einmal auf den Kopf stellt, kann man sich glücklich schätzen. Dann nehmen Sie aber auch die Hilfe an, die Ihnen angeboten wird – egal, ob es darum geht, zu einem Kontrolltermin zu fahren, Medikamente in der Apotheke abzuholen oder die Einkäufe zu erledigen.

Gerade in der ersten Zeit nach der Diagnose müssen Sie und Ihr Partner sich an die neue Situation gewöhnen. Bis sich der Alltag wieder eingespielt hat, wird es eine Weile dauern. Als Angehöriger, der sich kümmert, hat man das Bedürfnis, alles mit sich allein auszumachen und alles Mögliche eigenständig zu regeln. Aber Unterstützung anzunehmen oder danach zu fragen, zeugt nicht von Schwäche, sondern davon, dass Sie alles dafür tun, wieder zur Normalität zurückzukehren.

Natürlich opfern Sie einen Großteil Ihrer Zeit der Krankheit Ihres Partners – sei es, dass Sie nur daran denken oder versuchen, sich um alles Anstehende zu kümmern und einfach zu funktionieren. Immerhin gibt es nach einer schweren Diagnose (oder einem anderen Schicksalsschlag) viel zu erledigen. Arztbesuche müssen organisiert, Tabletten regelmäßig eingenommen, Reha-Maßnahmen eingeleitet, mit Versicherungen oder dem Arbeitgeber gesprochen werden. Und überhaupt kommt dann noch die Bürokratie, die ihren Tribut fordert.

Ansprüche geltend machen

Niemand denkt gern über das Alter nach oder mag sich vorstellen, was es bedeutet, (durch eine Krankheit oder schwere Diagnose) plötzlich berufsunfähig zu sein. Doch ist der Moment einmal da, sieht man sich mit sehr viel Bürokratie konfrontiert – und noch dazu haben nur die wenigsten konsequent vorgesorgt.

Eigentlich ist uns der Vorsorgegedanke gar nicht so fremd. Wir schließen Hausrat- und Haftpflichtversicherungen ab. Selbst für die unwahrscheinliche Möglichkeit, dass unser Haus von einem Blitz getroffen wird, kann man sich versichern. Doch wie man zurechtkommt, wenn man eben nicht mehr arbeiten kann, kein eigenes Geld mehr verdient – diesen Gedanken verdrängt man (leider) erfolgreich. Dabei kann jeder Mensch jederzeit (unabhängig vom Alter) in eine Situation geraten, in der andere für ihn Entscheidungen treffen müssen oder er auf finanzielle Unterstützung (beispielsweise von der Pflegeversicherung) angewiesen ist.

Das kommt jetzt auf Sie zu

Bekommt man eine schwerwiegende Diagnose oder wird man durch einen anderen Schicksalsschlag außer Gefecht gesetzt, greift bei den meisten Menschen (zumindest bei Festangestellten) die im Arbeitsvertrag festgelegte *Lohnfortzahlung im Krankheitsfall*. Sechs Wochen lang zahlt der Arbeitgeber das Gehalt weiter, ohne dass eine Gegenleistung erbracht werden muss.

Die entsprechende Krankschreibung muss unmittelbar dem Arbeitgeber und der Krankenkasse vorgelegt werden. Ist man länger als sechs Wochen nicht arbeitsfähig, springt die gesetzliche Krankenversicherung mit regelmäßigen Zahlungen ein. Allerdings wird dann weniger gezahlt und das über einen Zeitraum von zwölf Monaten. In diesem Zeitraum muss die *Arbeitsunfähigkeit* regelmäßig nachgewiesen werden. In der Regel gibt es dafür *Pendelformulare*, die in regelmäßigen Abständen zwischen dem Erkrankten (und dem betreuenden Arzt) und der Krankenkasse hin- und hergeschickt werden.

Privat-Versicherte und selbstständige Betroffene haben (im Idealfall) über Versicherungen vorgesorgt und werden dann (so wie zuvor vertraglich festgelegt) mit einem gewissen Geldbetrag regelmäßig versorgt.

In der Regel haben also alle Erkrankten (und die Angehörigen, die sich kümmern) ein bisschen Zeit, sich um die langfristige Unterstützung zu kümmern. Dabei kommt jede Menge Bürokratie auf diejenigen zu, die den Papierkram managen.

So kommen Erkrankte an die Unterstützung, die ihnen zusteht

Ihnen als Angehöriger, der sich kümmert, schwirrt wahrscheinlich schon der Kopf von all den Formularen und Anträgen. Die liebe Bürokratie ist allgegenwärtig, und an ihr kommt man auch nicht vorbei. Worauf ein Betroffener Anspruch hat, ist oft schwer zu durchschauen. Hier ein kleiner Überblick über das, was Ihnen zusteht (oder zustehen kann). Im Idealfall geben Ihnen die folgenden Seiten einen Einblick, wie verwoben und durchaus kompliziert die Unterstützungsangebote sind.

Pflegegeld

Was ist das? Der pflegebedürftige Betroffene hat – je nach Pflegegrad – Anspruch auf finanzielle Unterstützung aus der Pflegeversicherung. Über diesen Betrag kann er nach Gutdünken verfügen. Er kann damit beispielsweise eine private Pflegekraft bezahlen oder das Geld an pflegende Angehörige weiterleiten.

Wer hat Anspruch darauf? Pflegebedürftige Personen, die einen Pflegegrad 2 bis 5 haben und die zu Hause versorgt werden.

Wie viel Unterstützung gibt es? Die Höhe des Pflegegelds ist abhängig vom Pflegegrad (das ist eine Einschätzung der Unterstützung, die ein Erkrankter braucht, um den Alltag zu meistern). Wer wie viel bekommt, wird vom MD (Medizinischer Dienst der Krankenkassen) bewertet.

Pflegestufen und Leistungen

Pflegegrad 1: 0 Euro/Monat
Pflegegrad 2: 316 Euro/Monat
Pflegegrad 3: 545 Euro/Monat
Pflegegrad 4: 728 Euro/Monat
Pflegegrad 5: 901 Euro/Monat *(Stand: 12/19)*

Wie wird abgerechnet? Das Geld wird auf das Konto des Pflegebedürftigen überwiesen.

Tipp für Angehörige

Das Pflegegeld kann mit Pflegesachleistungen (wie die Betreuung durch einen Pflegedienst) kombiniert werden, dann handelt es sich um eine sogenannte *Kombinationsleistung.*

Pflegesachleistungen

Was ist das? Der pflegebedürftige Betroffene wird zu Hause von einem *Pflegedienst* versorgt.

Wer hat einen Anspruch darauf? Pflegebedürftige Personen mit einem Pflegegrad 2 bis 5, die zu Hause versorgt werden.

Wie viel Unterstützung gibt es? Die Höhe der Pflegesachleistungen hängt vom Pflegegrad ab.

Pflegestufen und Leistungen

Pflegegrad 1: 0 Euro/Monat
Pflegegrad 2: 689 Euro/Monat
Pflegegrad 3: 1298 Euro/Monat
Pflegegrad 4: 1612 Euro/Monat
Pflegegrad 5: 1995 Euro/Monat *(Stand: 12/19)*

Wie wird abgerechnet? Der Pflegedienst rechnet direkt mit der Pflegekasse ab.

Tipp für Angehörige

Pflegesachleistungen können mit dem Pflegegeld kombiniert werden, dann handelt es sich um eine sogenannte *Kombinationsleistung*.

Kombinationsleistung

Was ist das? Der pflegebedürftige Angehörige wird teilweise von privat versorgt und teilweise von einem Pflegedienst. Er bekommt dazu gleichzeitig *Pflegegeld* und *Pflegesachleistungen*. Dies wäre beispielsweise der Fall, wenn der Pflegedienst die Körperpflege übernimmt, der Ehepartner aber das Essen zubereitet und auch beim abendlichen Zubettgehen Unterstützung bietet.

Wer hat einen Anspruch darauf? Pflegebedürftige Personen mit Pflegegrad 2 bis 5, die zu Hause versorgt werden.

Wie viel Unterstützung gibt es? Die Höhe der Kombinationsleistung hängt vom Pflegegrad ab. Pflegesachleistungen und Pflegegeld werden jeweils anteilig gezahlt.

Pflegestufen und Leistungen

Die Aufteilung der Beiträge zwischen dem Pflegedienst und den pflegenden Angehörigen wird prozentual berechnet.

Ein Beispiel: Im Pflegegrad 4 gibt es entweder für Leistungen eines Pflegedienstes (Pflegesachleistungen) maximal 1612 Euro pro Monat, oder aber maximal 728 Euro Pflegegeld für Pflege durch Privatpersonen. Wird beides genutzt, rechnet die Pflegekasse anteilig ab. Beispielsweise hat der Pflegebedürftige für Leistungen des Pflegediensts nur 1209 Euro verbraucht. Das entspricht 75 Prozent der Pflegesachleistungen von 1612 Euro bei Pflegegrad 4. Damit ist noch ein Restanspruch von 25 Prozent offen. Deshalb zahlt die Kasse 25 Prozent des Pflegegeldanspruchs von 728 Euro aus, also 182 Euro.

Stand 12/19

Wie wird abgerechnet? Die Pflegesachleistungen rechnet der Pflegedienst direkt mit der Kasse ab. Das Pflegegeld bekommt der Pflegebedürftige auf sein Konto überwiesen.

Tipp für Angehörige

Die Kasse wartet in der Regel zunächst die Abrechnung des Pflegediensts ab, damit sie weiß, welcher Teil des Budgets tatsächlich verbraucht wurde. Deshalb kann sie das Pflegegeld für Betroffene meist erst zeitversetzt berechnen und auszahlen.

Zwischen Pflege und Beruf: Zahlt sich Pflege aus?

Natürlich zahlt sich Pflege aus, allerdings wirkt sich dieser *Lohn* nicht unbedingt auf den Kontostand aus. Entdecken Sie die Möglichkeiten – und machen Sie das Beste daraus!

Pflegeunterstützungsgeld

Unter den Begriffen *Lohnersatzleistung* oder *Ersatz für ausgefallenes Gehalt* für Arbeitnehmer werden Leistungen angeboten, wenn erkrankte Angehörige akut pflegebedürftig werden. Es wird *gezahlt*, wenn man sich vorübergehend *unbezahlt* von der Arbeit freistellen lässt, um die Pflege zu organisieren. Dies gilt beispielsweise, wenn die Eltern oder der Partner nach einem Sturz oder Schlaganfall kurzfristig auf Unterstützung angewiesen sind.

Wer bekommt es? Alle erwerbstätigen Arbeitnehmer, deren nahe Angehörige in einer Akutsituation Pflege benötigen. Auch Minijobber, befristet Beschäftigte und Azubis haben Anspruch auf Pflegeunterstützungsgeld. Die Größe des Unternehmens spielt keine Rolle.

Wie ist der Begriff *nahe Angehörige* definiert?

- Eltern, Schwiegereltern, Stiefeltern, Großeltern
- Ehepartner, eingetragene Lebenspartner, Partner in eheähnlicher Gemeinschaft
- eigene Geschwister und Geschwister des Ehe- bzw. Lebenspartners sowie deren jeweilige Ehe- oder Lebenspartner
- eigene Kinder und Kinder des Ehe- oder Lebenspartners (auch Adoptiv- und Pflegekinder), Schwiegertöchter und -söhne, Enkelkinder

Wie viel Unterstützung gibt es? Pflegeunterstützungsgeld beträgt in der Regel 90 Prozent des Nettogehalts, aber nicht mehr als den Höchstsatz des Krankengelds. Es wird maximal zehn Tage pro pflegebedürftige Person gezahlt. In dieser Zeit wird kein Gehalt gezahlt.

Wie wird abgerechnet? Pflegeunterstützungsgeld muss unverzüglich beantragt werden. Die Pflegekasse hat das Recht, ein entsprechendes ärztliches Attest zu verlangen. Das Geld wird auf das Konto des Antragstellers überwiesen.

Tipp für Angehörige

Wenn sich mehrere Angehörige um die Organisation der Pflege kümmern, können die zehn Tage auch auf mehrere Personen aufgeteilt werden. Dann wird auch das Pflegeunterstützungsgeld anteilig gezahlt.

Pflegezeit

Als Pflegezeit bezeichnet man einen Zeitraum, in dem Arbeitnehmer ihre Arbeitszeit verringern können oder sich eine Auszeit nehmen, um sich um pflegebedürftige nahe Angehörige zu kümmern.

Wer bekommt es? Ein Rechtsanspruch auf Pflegezeit besteht nur, wenn es in dem Unternehmen mehr als 15 Mitarbeiter gibt. In kleineren Firmen ist es eine freiwillige Leistung des Arbeitgebers. Pflegezeit gibt es zum einen, wenn nahe Angehörigen zu Hause versorgt werden. Der Angehörige muss dann mindestens Pflegegrad 1 haben. Pflegezeit ist auch möglich, wenn ein naher Angehöriger unheilbar krank ist und absehbar sterben wird. In diesem Fall ist es nicht notwendig, dass der Sterbende einen Pflegegrad hat. Die Versorgung muss dann auch nicht zu Hause erfolgen, sondern kann auch in einem Krankenhaus oder Hospiz geschehen.

Wie viel Unterstützung gibt es? Es geht dabei im Wesentlichem um Zeit.

- Für die Betreuung eines pflegebedürftigen nahen Angehörigen sind maximal sechs Monate pro gepflegte Person vorgesehen.
- Bei Begleitung eines Sterbenden beträgt der Anspruch maximal drei Monate. Liegt beispielsweise der Vater im Sterben, können sowohl der Sohn als auch die Tochter gleichzeitig die vollen drei Monate Pflegezeit nehmen.

Wie wird abgerechnet?

Während der Pflegezeit erhält der Arbeitnehmer entsprechend seiner Arbeitsleistung entweder ein reduziertes oder gar kein Gehalt. Die Einkommenseinbußen können über ein *zinsloses Darlehen* (vgl. weiter unten) abgefedert werden.

Der Arbeitgeber muss spätestens zehn Arbeitstage vor Beginn der Pflegezeit informiert werden. Während der Pflegezeit besteht grundsätzlich Kündigungsschutz. Wird Pflegezeit im Anschluss an Familienpflegezeit genommen, muss der Arbeitgeber acht Wochen vorher informiert werden.

Nachteile: Ein reduziertes Gehalt hat Auswirkungen auf die Sozialversicherung (Kranken-, Pflege-, Arbeitslosen- und Rentenversicherung). Arbeitet der Arbeitnehmer gar nicht mehr, hat er in bestimmten Konstellationen keinen Versicherungsschutz in der Kranken- und Pflegeversicherung mehr und muss sich dort freiwillig versichern. In diesem Fall zahlt die Pflegekasse Zuschüsse zu den Beiträgen.

Wer pflegt, ist außerdem unter bestimmten Bedingungen in der gesetzlichen Rentenversicherung und Arbeitslosenversicherung pflichtversichert. Angehörige sollten sich schnellstmöglich informieren, um rechtzeitig alle notwendigen Dinge in die Wege zu leiten. Die *Mühlen der Bürokratie* mahlen bekanntlich langsam und deshalb brauchen Angehörige entsprechend viel Geduld für die Überbrückungsphase.

Tipp für Angehörige

Pflegezeit kann mit *Familienpflegezeit* kombiniert und entweder vorher oder nachher genommen werden. Dann müssen aber beide Zeiten nahtlos aneinander anschließen.

Familienpflegezeit

Um einen pflegebedürftigen nahen Angehörigen zu Hause zu versorgen, hat man die Möglichkeit, Teilzeit zu arbeiten.

Wer bekommt es? Arbeitnehmer in Unternehmen mit mehr als 25 Mitarbeitern haben einen Rechtsanspruch auf Familienpflegezeit. In kleineren Unternehmen ist es eine freiwillige Leistung des Arbeitgebers. Der Arbeitgeber muss acht Wochen vor dem Beginn der Familienpflegezeit informiert werden, beim Übergang aus der *Pflegezeit* drei Monate vorher. Während der Familienpflegezeit besteht grundsätzlich Kündigungsschutz.

Wie viel Unterstützung gibt es? Die Arbeitszeit muss nach der Reduzierung mindestens 15 Stunden pro Woche betragen. Familienpflegezeit darf pro pflegebedürftigem Angehörigen maximal 24 Monate dauern. Wer sich beispielsweise erst um den Vater, dann um die Mutter kümmert, kann also für jedes Elternteil jeweils 24 Monate Familienpflegezeit bekommen.

Wie wird abgerechnet? Während der Familienpflegezeit wird ein reduziertes Gehalt entsprechend der vereinbarten Arbeitszeit gezahlt. Damit reduzieren sich auch die Einzahlungen in die Sozialsysteme (Arbeitslosenversicherung, Rentenversicherung, Krankenversicherung, Pflegeversicherung). Für die Pflege gibt es jedoch unter bestimmten Bedingungen zusätzliche Rentenpunkte der gesetzlichen Rentenversicherung.

Tipp für Angehörige

Familienpflegezeit kann mit der Pflegezeit kombiniert und entweder vorher oder nachher genommen werden. Beides muss aber direkt aneinander anschließen. In diesem Fall dürfen beide Zeiten zusammen nicht mehr als 24 Monate dauern.

Zinsloses Darlehen

Dieses Angebot soll einen Teil der Gehaltseinbußen ausgleichen, wenn ein Angehöriger für die Pflege seinen Job aufgibt oder seine Arbeitszeit verringert. Wie allerdings der Begriff *Darlehen* nahelegt, muss man das Geld auch wieder zurückzahlen.

Wer bekommt es? Arbeitnehmer, die die häusliche Pflege eines nahen Angehörigen oder die Begleitung eines sterbenden Angehörigen übernehmen und dazu entweder Pflegezeit oder Familienpflegezeit nehmen.

Wie viel Unterstützung gibt es? Das Darlehen ersetzt 50 Prozent der durch die Pflege verursachten Gehaltseinbußen. Wer beispielsweise vor Beginn der Pflege ein Gehalt von 2000 Euro netto hatte und während der Pflege nur noch 800 Euro netto verdient, hat aufgrund der Pflege eine Gehaltseinbuße von 1200 Euro. Damit hat er Anspruch auf ein zinsloses Darlehen von 600 Euro pro Monat. Auf Wunsch kann das Darlehen auch geringer ausfallen. Es muss aber mindestens 50 Euro pro Monat betragen.

Wie wird abgerechnet? Das zinslose Darlehen wird monatlich ausgezahlt und in Raten zurückgezahlt.

Tipp für Angehörige

Mehr Informationen, Antragsformulare und einen Rechner zur Berechnung der individuellen Darlehenshöhe gibt's im Internet. Nützliche Links finden Sie im Anhang.

Pflege und Beruf – geht das?

Manchmal reicht die staatliche Unterstützung (trotz der Vielfalt) hinten und vorne nicht. Da muss man sich entscheiden, ob man Vollzeit pflegen möchte oder doch dafür professionelle Hilfe in Anspruch nimmt. Sich für den Beruf und gegen die 24-Stunden-Pflege zu entscheiden, ist häufig der einzige Weg, eine gemeinsame Zukunft zu gestalten.

Trotz all der Nähe zum betroffenen Partner hat man das Leben des anderen natürlich nicht in der Hand. Deshalb ist es so wichtig, sich auch nicht selbst zu verlieren. Auch wenn Ihnen der Kopf schwirrt zwischen Pflegestufen und Antragsformularen, bleiben Sie bei sich und Ihren ureigenen Bedürfnissen.

Dies ist insbesondere wichtig, weil die Krankheit nicht zum Mittelpunkt der Beziehung werden sollte. Gerade weil auch Sie stets unter einem gewissen psychischen Druck stehen, dürfen Sie ihr eigenes Leben nicht außer Acht lassen. Dazu gehört es, weiterhin engen Kontakt zu Freunden und Kollegen zu halten. Das ist oft gar nicht so einfach, denn das schwarze Loch einer schweren Diagnose greift schnell um sich. Es kann durchaus auch einen optimistischen Blick auf die Welt verändern.

Einen gesunden Egoismus entwickeln

Manchmal stecken pflegende Angehörige schon schnell so tief in der Pflegespirale, dass sie sich bei der Arbeit besser entspannen können als zu Hause. Das passiert beispielsweise, wenn das Zusammenleben und die Pflege des Betroffenen für Sie keine Erholungspausen mehr zulässt. In solchen Situationen muss man sich durchsetzen, selbst wenn der kranke Partner kein Verständnis dafür hat, dass man auch mal Zeit für sich braucht.

Denn eins ist klar: Wenn man selbst keine Kraft mehr hat, kann man auch dem Partner nicht mehr helfen. Manchmal gibt es für das Dilemma nur eine Lösung, nämlich die Berufstätigkeit wieder aufzunehmen. Dabei sollte man versuchen, dem Partner klarzumachen, dass man dennoch für ihn da ist.

Für viele Betroffene und für viele Unterstützer ist es gleichermaßen wichtig, weiter am ganz alltäglichen Leben Anteil zu nehmen und sich auch einfach den angenehmen Seiten des Lebens zuzuwenden. Das geht man besten, wenn man parallel zur Pflege einem Beruf nachgeht. Manchmal will man sich auch schlicht und ergreifend ganz bewusst ablenken, um sich dann mit einem neuen Blick dem betroffenen Partner wieder zuwenden zu können. Das bedeutet in der Konsequenz, dass beide Seiten davon sowohl finanziell als auch emotional profitieren.

Alte Verhaltensmuster anpassen

Herkömmliche Verhaltensmuster bilden oft keine tragfähige Basis für eine Veränderung. Deshalb lassen Sie sich nicht kleiner machen als notwendig. Einem Beruf nachzugehen, obwohl der Partner pflegebedürftig ist, hat nichts mit Egoismus zu tun. Es ist vielmehr die Fürsorgepflicht, die Sie sich selbst gegenüber haben.

So gehen Sie es am besten an:

- Begegnen Sie dem Partner auf Augenhöhe.
- Nehmen Sie sich ernst und treten Sie selbstbewusst auf.
- Vergessen Sie Schuldgefühle – sie sind ein schlechter Ratgeber.
- Fokussieren Sie sich nicht auf die Bedürfnisse des erkrankten Partners, sondern auf Ihre und auf die des Umfeldes.

Auf den Punkt gebracht: Will ich pflegen?

Wer sich um einen erkrankten Angehörigen kümmert, übernimmt große Verantwortung. Wissen Sie, was Sie tun? Und wollen Sie das wirklich?

Fünf Fragen, die Sie sich stellen sollten.

Erste Frage: Warum will ich pflegen?

Aus Liebe? Aus einem Verantwortungsgefühl heraus? Weil Sie es versprochen haben? Weil es keine Alternative gibt? Weil Sie das Gefühl haben, etwas *schuldig* zu sein?

Wichtig ist, dass Sie sich mit der Entscheidung Zeit lassen und dass kein Druck auf Sie ausgeübt wird. Es ist Ihre Entscheidung! Es gibt nicht **den einen richtigen Grund** zu pflegen. Es gibt immer Argumente dafür und dagegen. Und bedenken Sie: Es ist ein Unterschied, einen Betroffenen zu pflegen und für einen Betroffenen immer da zu sein. Das eine ist unabhängig vom anderen.

Zweite Frage: Wie war Ihr Verhältnis zum Angehörigen vor der Diagnose oder der Erkrankung?

Können Sie sich vorstellen, quasi »rund um die Uhr« mit dem Erkrankten zusammen zu sein? Gibt es unausgesprochene Konflikte zwischen Ihnen? Wie sind Sie bisher mit Problemen umgegangen?

Wer pflegt, ist seinem betroffenen Angehörigen sehr nah – räumlich, körperlich, emotional. Das macht den Umgang mitunter schwierig, und er wird nie wieder so sein wie zuvor. Gerade in belastenden Situationen kommen häufig alte Konflikte hoch, und Belastungen werden Sie wahrscheinlich viele erleben: wenig Schlaf, Streit oder Ärger über die Kasse, ständige Sorge ums Wohlergehen. Was dazu kommt: Ist der Betroffene auch körperlich pflegebedürftig, ist er auf Ihre Hilfe angewiesen und muss Ihnen manchmal Entscheidungen überlassen. Dadurch verschieben sich Rollen. Gerade wenn es sich um Ihre Eltern handelt, ist die Situation anfangs ungewohnt und sorgt oft für zusätzlichen Druck. Lesen Sie dazu auch Kapitel 6.

Dritte Frage: Haben Sie genug Unterstützung?

Was schaffen Sie allein? Wobei brauchen Sie Hilfe von anderen? Gibt es andere Familienmitglieder, Freunde oder Bekannte, die Sie unterstützen können?

Pflege kann belasten. Gerade emotional und körperlich ist sie oft anstrengend. Dabei ist es leichter, wenn man ein großes Netzwerk hat, in dem man Aufgaben verteilen kann: Wer organisiert die Betreuung, wer kümmert sich um den Haushalt, wer übernimmt die Kommunikation mit den Kassen? Wenn Sie niemanden haben, der Ihnen beistehen kann: Sprechen Sie andere Menschen darauf an. Lesen Sie dazu auch Kapitel 6.

Vierte Frage: Was ist Ihnen wichtig im Leben, was können und möchten Sie nicht aufgeben?

Was macht die Pflege mit den Freundschaften und mit der Partnerschaft? Spüren Sie, wenn Ihnen alles zu viel wird? Können Sie auf sich achten und auch mal *Nein sagen*?

»Ich kann nicht« wird immer mit Egoismus gleichgesetzt. Aber es ist auch eine Form von Mut, zu sagen: »Ich schaffe das nicht«. Es ist in Ordnung, als Ehefrau zu sagen: »Ich liebe meinen Mann über alles, aber ich schaffe es nicht, ihn zu pflegen, ohne dass wir beide kaputtgehen.«

Wer pflegt, muss sich nicht selbst aufgeben. Gerade für pflegende Angehörige ist es wichtig, Hobbys und Freunde nicht zu vernachlässigen. Manchmal tut es gut, Fixpunkte zu benennen, auf die man nicht verzichten will: auf den Chor, die Yoga-Stunde einmal pro Woche oder den Kaffee mit der besten Freundin. Es gibt verschiedene Budgets von der Kasse, mit denen sich solche Auszeiten organisieren lassen, während Ihr Angehöriger betreut wird. Bestehen Sie auf diesem Recht, auch wenn die Belastung (noch) gering ist – wenn Sie sich am Donnerstagabend immer frei nehmen, ist das eben so und wird auch später nicht infrage gestellt.

Fünfte Frage: Wie werden Sie mit der Pflege zurechtkommen?

Wie ist der Verlauf der Krankheit? Was wird die Pflege umfassen? Sind Sie körperlich und psychisch in der Lage zu pflegen? Sind Sie bereit, viel über Pflege zu lernen? Wo sind die persönlichen Grenzen und Hemmschwellen?

Sie müssen nicht alles selbst machen. Legen Sie fest, was für Sie in Ordnung ist – und wo Ihre Grenzen sind. Der eine hat vielleicht kein großes Problem damit, beim Angehörigen Windeln zu wechseln, der andere kann sich das gar nicht vorstellen. Pflegesituationen können viele Jahre dauern. Wie wird das später mal, fragen sich viele Angehörige. Bei vielen Krankheiten ist der Verlauf nicht vorherzusehen. Oft können Sie nicht sagen, was auf Sie zukommt. Sie können nur für den Moment entscheiden, jemanden zu pflegen – nicht für die Zukunft.

Vielleicht merken Sie irgendwann, dass Ihnen alles zu viel wird. Vielleicht verschlimmert sich auch die Krankheit, sodass eine Betreuung zu Hause nicht mehr infrage kommt. Sie können immer wieder auf die Anfangsentscheidung zurückkommen und sie ändern.

KAPITEL 5

Beholder's Disease – der Erschöpfung einen Namen geben

Beholder's Disease – das ist die Krankheit derer, die sich kümmern. Der Begriff kommt aus dem amerikanischen Sprachgebrauch und beschreibt die körperlichen Beschwerden der Angehörigen, die sich um einen Erkrankten (insbesondere um Menschen mit Demenz) kümmern. Die Symptome sind mannigfaltig und reichen von Kopfschmerzen und Schlafstörungen bis hin zu Erschöpfungszuständen und einem zu hohen Blutdruck.

In diesem Zusammenhang kann es zu einer posttraumatischen Belastungsstörung kommen, auch Burn-out und depressive Phasen sind durchaus möglich. Ein anderes Phänomen ist es, die Erkrankungen des Partners zu *spiegeln*.

Dass die Erkrankung des Partners, des Elternteils oder des Freundes Spuren hinterlässt, war zu erwarten. Es geht um die körperlichen und psychischen Beschwerden, die sich aus dem Zusammenleben mit einem Patienten ergeben können und die schlussendlich der Warnschuss sind, sich endlich auch um die eigene Gesundheit zu kümmern.

Körperliche Beschwerden durch Pflege

Wenn die Belastung durch die Pflege von Erkrankten zu viel wird, sendet der Körper eindeutige Warnsignale aus. Nicht selten sind jedoch gerade

Angehörige, die sich kümmern, *taub* und wollen nicht hören, was der Körper ihnen zu sagen hat.

Schmerzen und andere Symptome können jeweils zwei Ursachen haben: Entweder sind sie die Folgen bereits vorhandener Erkrankungen und Störungen oder sie sind eindringliche Warnsignale des Körpers auf die aktuelle Lebenssituation – also beispielsweise dafür, dass dem Körper zu viel zugemutet wird. Das muss nicht immer eine körperliche Überlastung sein, auch Stress und negative Gefühle, für die kein Ende absehbar ist, können zu einer Überlastung führen. Denn Körper und Geist sind eine Einheit. Deshalb können körperliche Beschwerden und Schmerzen auch Warnzeichen dafür sein, dass der Seele zu viel zugemutet wird.

Pflege ist körperliche Schwerstarbeit

Wer pflegt, tut das meist mit vollem Körpereinsatz – und ohne Rücksicht auf Verluste. Tatkräftige Hilfe ist im Pflegealltag ständig gefragt: Beispielsweise durch Hilfe beim Duschen und Anziehen, den Rollstuhl ins Auto wuchten und den Betroffenen ins Auto setzen. Viele Angehörige spüren die Folgen solcher Anstrengung als Muskelverspannung im Rücken und in den Schultern.

Aber damit nicht genug: Zu den häufigsten körperlichen Beschwerden pflegender Angehöriger (abgesehen von Rücken- und Gelenkschmerzen) gehören Erschöpfungssymptome, Probleme mit dem Kreislauf, dem Herz und Magen. Es ist kein Geheimnis, dass Pflege mit körperlicher Schwerstarbeit gleichzusetzen ist. So fordert beispielsweise das Umsetzen von Patienten (beispielsweise von der Bettkante in den Rollstuhl) ein Vielfaches von der Kraft, die einem normalerweise zur Verfügung steht. Dies gilt vor allem, wenn man bedenkt, dass Pflegende überwiegend weiblich sind und gar nicht richtig wissen, wie sie am besten *zupacken* müssen. Hier können Hilfsmittel und eine richtige Technik für Entlastung sorgen. Allerdings ist es damit allein häufig nicht getan. Es sind auch die vielen ungewohnten Tätigkeiten, die zu einer Überanstrengung (oder Fehlbelastung) führen.

Hinzu kommen auch psychosomatische Beschwerden. Darunter versteht man körperliche Symptome, die ihre Ursache in der Seele des Angehörigen haben.

Körper und Seele sind eine Einheit

Der Mensch ist eine Einheit aus Körper, Geist und Seele. Diese Teile sind eng miteinander verbunden und voneinander abhängig. Gerät eines der Teile aus dem Gleichgewicht, kann das Auswirkungen auf alle anderen haben. Aus diesem Ungleichgewicht können viele Erkrankungen entstehen.

Psychosomatische Beschwerden ernst nehmen

Von einer psychosomatischen Störung spricht man, wenn keine körperliche Ursache für reale Symptome gefunden wird. Auch sprechen die Beschwerden häufig nicht auf eine schulmedizinische oder medikamentöse Behandlung an. Für Patienten ist das wenig befriedigend. Die meisten ziehen es noch nicht einmal in Betracht, dass auch psychische Faktoren dafür verantwortlich sein könnten.

Wenn der Arzt bei anhaltenden Beschwerden keine klare Diagnose stellen kann, befürchten viele Betroffene als Simulanten dazustehen. Allerdings nutzt es nichts, die Symptome zu ignorieren – im Gegenteil, es wird dadurch nur alles schlimmer.

Die Pflege eines Erkrankten ist für Angehörige oft eine schwere seelische Belastung. Je länger sie dauert, desto häufiger fühlen pflegende Angehörige sich überfordert. Diese Überforderung kann alleine deshalb schon auftreten, weil man sein Leben nicht mehr selbstbestimmt führen kann, sondern andauernd Rücksicht auf den Erkrankten und dessen besondere Lebenssituation nimmt. Wenn man nicht kann, wie man will, sondern nur noch tut, was man muss, geht die Freude am Leben verloren.

Der Schlüssel zur Linderung liegt hier oft in der Entlastung der Seele.

Die häufigsten psychosomatischen Störungen

Schlafstörungen

Ein Teufelskreis! Nicht ein- oder durchschlafen zu können führt auch tagsüber zu permanenter Müdigkeit und Konzentrationsschwierigkeiten. Oft spielt die Psyche dabei eine wesentliche Rolle: Ängste, Sorgen und Unsicherheit hindern viele Menschen am Einschlafen. Auch eine Depression geht mit Schlafstörungen einher.

Herz-Angst-Neurosen

Das Herz reagiert sehr intensiv auf die Psyche. Bei Aufregung und Anspannung schlägt es schnell und hämmert regelrecht in der Brust. Das kann der Auslöser einer Herz-Angst-Neurose sein. Stress und seelische Belastungen können dem Herz zusetzen und beispielsweise Herzrasen hervorrufen. Der Betroffene folgert daraus, dass er Gefahr läuft, einen Herzinfarkt oder Herzrhythmusstörungen zu bekommen. Daraus kann sich eine Neurose entwickeln.

Reizdarm

Ein Reizdarm ist unangenehm und noch immer ein Tabuthema. Viele Menschen leiden jedoch an dieser Form der Darmerkrankung, die mit Blähungen, Durchfall oder Verstopfung einhergeht. Wenn diese Beschwerden über Monate hinweg anhalten, kann man von einem Reizdarm sprechen.

Schmerzerkrankungen

Schmerzen, die ohne Ursache auftreten, sind oft psychosomatischer Natur. Nimmt der Schmerz über Monate hinweg nicht ab, kann man von einem Dauerschmerz sprechen. Häufig handelt es sich dabei um Rücken-, Nacken- und Kopfschmerzen. Damit die Lebensqualität wieder steigt und auf Schmerzmittel verzichtet werden kann, sollte sich der Betroffene in Therapie begeben.

Tinnitus

Ein ständiges Summen oder Piepen im Ohr – davon sind sehr viele pflegende Angehörige betroffen. Der Tinnitus ist keine seltene Krankheit, doch nur wenige sind über Jahre hinweg betroffen. Das schrille Geräusch kann Konzentrationsschwächen, Schlafstörungen und Angsterkrankungen nach sich ziehen.

Weitere Krankheiten mit psychosomatischer Ursache sind:

- Schwindel
- Migräne
- Magengeschwüre
- Verspannungen
- Reizblase
- Hauterkrankungen
- Bluthochdruck
- Angstzustände

Psychosomatische Behandlung: Das kann helfen

Auch bei psychosomatischen Störungen ist eine Heilung nicht ausgeschlossen. Es gibt viele Behandlungsmethoden, die den Heilungsprozess fördern können und sich leicht in den Alltag integrieren lassen. Wichtig ist, dass Sie sich nicht von den Beschwerden vereinnahmen lassen.

Psychologische Betreuung

Wenn Sie sich über die Ursachen einer psychosomatischen Störung im Unklaren sind, brauchen Sie psychologische Betreuung durch einen Psychotherapeuten. Dieser kann Sie während des Heilungsprozesses begleiten und Probleme professionell angehen.

Natürliche Heilmittel

Manche Menschen schwören auf Naturheilkunde, um ihre Beschwerden zu lindern. Homöopathie und traditionelle chinesische Medizin können bei der Heilung unterstützen. Natürliche Heilmittel können eine herkömmliche Behandlung begleiten oder ersetzen.

Nahrung für Körper und Seele

Die richtige Ernährung kann sich in vielerlei Hinsicht positiv auf die Gesundheit auswirken. Mit einer gesunden Ernährung kann man Erkrankungen vorbeugen und Symptome vorhandener Krankheiten lindern. Vor allem bei einem Reizdarm kann eine Ernährungsumstellung vorteilhaft sein. Gönnen Sie sich etwas, denn manchmal braucht auch die Seele ein wenig Futter.

Bewegung für ein gesundes Körpergefühl

Körperliche Betätigung kann das Körpergefühl positiv beeinflussen. Mit Bewegung und Sport kann man eine ganz neue Bindung zum Körper aufbauen. Bewegung an der frischen Luft, stärkt das Immunsystem. Sonnenschein kann die Laune verbessern und depressiven Verstimmungen vorbeugen.

Entspannungstechniken

Spezielle Entspannungstechniken können dafür sorgen, dass sich Anspannungen lösen und Stress abbauen. Autogenes Training, Progressive Muskelentspannung, Meditationen, Atemübungen und Yoga können helfen, gelassener zu werden.

Ein gestärktes Selbstwertgefühl

Ein starkes Selbstwertgefühl kann helfen, eine gesunde Psyche beizubehalten. Wenn das Selbstwertgefühl zu niedrig ist, können sich Unsicherheiten und Ängste schnell ausbreiten und festsetzen (vgl. unten).

Stress vermeiden und Prioritäten setzen

Die Pflege eines Betroffenen sorgt ganz automatisch für erheblichen Druck und Stress. Beides kann wiederum Ursache für eine psychosomatische Erkrankung sein. Natürlich wäre es ideal, den stressigen Alltag zu befrieden, aber leider geht das halt nicht immer.

Ein erster Schritt wäre es, Prioritäten zu setzen und sich nicht immer für alles verantwortlich zu fühlen. Für eine Pflegesituation bedeutet das, Hilfe in Anspruch zu nehmen und Auszeiten ohne schlechtes Gewissen zu genießen.

Sorgen sind ungesund

Fast jeder Mensch macht sich ab und zu Sorgen oder hat schon mal Angst um sich selbst oder einen geliebten Angehörigen gehabt. In Ihrer speziellen Lebenssituation kann es passieren, dass Angst und Sorgenmachen zu ständigen Begleitern werden. Aber ein Zuviel an Sorgen kann sowohl psychisch als auch körperlich krank machen. Nun gut, mag man entgegenhalten, Sie haben ja auch allen Grund dazu, und außerdem fehlt es Ihnen am nötigen Ausgleich. In der Tat jedoch sind Sorgen und Ängste nur schlechte Gewohnheiten, die Sie sich tunlichst abgewöhnen sollten.

Zum Abgewöhnen: Was hinter den ewigen Sorgen steckt

Der Mensch ist ein Gewohnheitstier – sagt man. Man könnte ihn auch ein *Faultier* nennen, denn wir Menschen lassen uns nur dann von Gewohnheiten oder *Mustern* leiten, wenn wir Energie sparen und Kräfte schonen wollen. Aber schlussendlich sind auch das nur Ausreden.

Im Bereich der Persönlichkeitsbildung gibt es den Begriff der *Komfortzone* und die Behauptung, dass nur eben das Verlassen des persönlichen *Wohlfühlbereichs* es möglich macht, Persönlichkeit zu verändert bzw. sich selbst weiterzuentwickeln.

Sich unentwegt (und oftmals unbegründet) Sorgen zu machen ist weder angeboren noch ein menschlicher Instinkt, sondern eine Angewohnheit. Wir Menschen haben die Fähigkeit, eventuelle Gefahren vorab zu erkennen um entsprechend reagieren zu können. Die entscheidende Frage dabei ist: Haben Sie noch die Kontrolle über Ihre Ängste und Sorgen oder kontrollieren Ihre Ängste und Sorgen Sie selbst? Angst beinhaltet – wie jede andere Emotion auch – eine Art *Handlungshinweis*. Sorgen und Ängste weisen auf eine unsichere Zukunft hin. Die Botschaft lautet entsprechend: *Bereiten Sie sich auf alle möglichen Szenarien vor.*

Vorzugsweise nachts wird man von solchen Gedankenspielen heimgesucht. Man kann nicht einschlafen, Albträume sorgen für einen unruhigen Schlaf. Manchmal bekommt man Herzrasen oder Atemnot, wacht schweißgebadet auf oder liegt lange wach. Tags darauf fühlt man sich wie zerschlagen, ist reizbar und unkonzentriert.

Die häufigsten Sorgen sind:

- Die Sorge, zu verarmen
- Die Sorge vor dem Alter
- Die Sorge vor dem Tod
- Die Sorge, nicht gut genug zu sein
- Die Sorge, selbst krank zu werden

Es gibt so viele Gründe, schlecht zu schlafen. Nicht alle sind realistisch, viele sind völlig überzogene »*Worst-case*-Szenarien«. Problematisch werden Sorgen, wenn sich alle Gedanken nur noch darum drehen – selbst dann, wenn es keine Anzeichen dafür gibt, dass diese eintreten oder wir sie verändern könnten. Dann versetzen Sorgen unseren Körper in Alarmbereitschaft. Unser Gehirn schüttet Adrenalin aus und bereitet so unseren Körper darauf vor, eine potenzielle *Gefahr* abzuwehren. Dadurch erhöht sich der Herzschlag, die Sinne werden geschärft, die Muskeln erhöhen die Anspannung.

Ganz häufig passiert nichts von dem, was wir befürchten. Trotzdem ist der Körper so unter Druck, dass die bereitgestellte Energie irgendwie abreagiert werden muss. Je öfter wir einen solchen *Fehlalarm* auslösen, desto reizbarer werden wir.

In einem gewissen Bereich kann man vorsorgen: beispielsweise, indem wir uns an die Straßenverkehrsordnung halten und nicht bei Rot über die

Straße gehen; eine warme Jacke anziehen, wenn es draußen kalt ist; die Haustür abschließen, wenn wir das Haus verlassen. Andere Dinge jedoch entziehen sich unserer Einflussnahme. Ein Stück weit haben wir es allerdings selbst in der Hand, ob wir uns ständig Sorgen machen oder mehr Gelassenheit üben.

Symptome im Sorgen-Karussell

Klassische Symptome von Menschen, die ständig grübeln sind:

Konzentrationsstörungen, Reizbarkeit, Schlafstörungen, Magenbeschwerden, Zähneknirschen, Spannungskopfschmerzen, Erschöpfungszustände, Schwitzen, Atemnot, Hitzewallungen, häufiger Harndrang oder Schluckbeschwerden

Raus aus der Sorgenfalle!

Genauso wie man sich die ständige *Alarmbereitschaft* angewöhnen kann, lässt sich unser Gehirn auch wieder umprogrammieren. Es dauert allerdings eine Weile – und: Je früher wir uns gegen ein ständiges Gedankenkarussell wehren, desto besser. Wer aus der Sorgenfalle ausbricht, gewinnt langfristig massiv an Lebensqualität.

Sorgen hinterfragen

Wenn sich ein sorgenvoller Gedanke einnistet, ist das zunächst einmal ganz normal. Er kann uns vor etwas warnen. Pauschal alle Sorgen verbannen zu wollen ist daher nicht zielführend. Besser ist es, die Sorgen zur Kenntnis zu nehmen und genauer zu hinterfragen. Denn: Die meisten Sorgen und Ängste sind völlig unbegründet.

Tipp für Angehörige

Fragen Sie sich im Fall von Angst und Sorgen:

- Wie realistisch sind meine Ängste und Vorstellungen wirklich?
- Worauf fühle ich mich nicht ausreichend vorbereitet?
- Was kann ich tun, um mich vorzubereiten?

Sorgen aufschreiben

Viele Grübler sind sich gar nicht bewusst, wie viele Sorgen sie sich jeden Tag machen. Es kann sehr befreiend sein, wenn all die kleinen und großen Sorgen niedergeschrieben werden. Manche Ängste wirken schon alleine durch das Aufschreiben unangemessen und werden dadurch kleiner.

Sorgen ausbremsen

Beginnen sich die Gedanken dennoch im Kreis zu drehen, dann hilft ein bewusster Gedankenstopp nach dem Motto: »Man muss sich nicht von sich selbst alles gefallen lassen.« Wer alleine ist, kann laut »Stopp« rufen, in die Hände klatschen. Auch eine bildlich vorgestellte *Rote Karte* kann helfen. Oder: Intensiver Sport hilft, um das negative Muster zu durchbrechen und rasch wieder einen klaren Kopf zu bekommen.

Tipp für Angehörige

Betroffene Angehörige neigen oft infolge ihrer Diagnose ebenfalls zu Ängsten. Da kann man sich gegenseitig helfen, indem man Codewörter vereinbart, mit denen Sie den ewigen Grübler unterbrechen.

Sorgen machen klein

Ändern Sie bewusst Ihre Körperhaltung und richten Sie sich auf, so als ob Sie Ihren Befürchtungen locker trotzen und Widerstände mit Leichtigkeit überwinden könnten! Diese kleine Veränderung bringt große

Wirkung, denn unsere Emotionen entstehen im Körper, und jede Emotion braucht eine bestimmte Atmung, eine besondere Haltung, einen spezifischen Gesichtsausdruck, passende Körperspannung. Ein kleines Lächeln im Gesicht zum Beispiel macht es uns leichter, Dinge zu lernen. Ein angespannter Körper wird schneller wütend, und ein in sich zusammengesackter Mensch mit herunterhängenden Schultern, Blick auf dem Boden und finsterer Miene hat es besonders leicht, traurig zu sein.

Tipp für Angehörige

Wenn Sie unangemessene Sorgen haben, fragen Sie sich:

Wie würde ich gehen, stehen und atmen, wenn ich all dem locker begegnen könnte und wüsste: Ich kann das, wovor ich mich ängstige, locker abschütteln. Dann ändern Sie Ihre Körperhaltung entsprechend.

Lachen ist gesund

Wer lacht, kann nicht gleichzeitig unglücklich sein. Denn beim Lachen werden Wohlfühlhormone aktiviert, die trübe Gedanken vertreiben und Spannungen lösen. Wer beim Grübeln erwischt wird und mit einem humorvollen »Ertappt« reagiert oder über sich selbst schmunzelt, wird merken, wie rasch sich der Kloß im Hals auflöst.

Gestern – heute – morgen

Wer sich sein Morgen schlimmer vorstellt als sein Heute, hat heute schon einen harten Tag. Der einzige Moment, in dem wir unser Leben lenken können, ist hier und jetzt. Angsthasen, Grübler und Sorgenkinder leben gedanklich entweder in der Vergangenheit und befürchten eine Wiederholung oder ängstigen sich vor dem, was in der Zukunft alles passieren könnte. Angst und Sorge hat man meist VOR bestimmten Ereignissen. Dabei kann die Fantasie die skurrilsten Blüten treiben und das allein auf dem Nährboden von Angst und Sorgen. Das Hier und Jetzt, egal wie schlimm es auch gerade sein mag, ist immer leichter auszuhalten, als eine negativ halluzinierte Zukunft.

Vorsicht: Permanentes Grübeln kann auch ein Hinweis auf eine Angststörung sein. Rund drei bis fünf Prozent der Bevölkerung leiden an einer sogenannten generalisierten Angststörung (Generalized Anxiety Disorder, kurz GAD).

Für die eigene Gesundheit sorgen

Gerade in Zeiten, in denen der Partner eine schwere Erkrankung verarbeiten muss, wird oft die Gesundheit des anderen vernachlässigt. Achten Sie darauf, dass es nicht so weit kommt. Meist helfen schon vermeintliche Kleinigkeiten: Ernähren Sie sich gesund, essen Sie regelmäßig, bewegen Sie sich ausreichend und versuchen Sie, genügend zu schlafen.

Auch auf Ihre seelische Gesundheit sollten Sie in einer Situation wie dieser besonders Acht geben. Denn die Probleme und Sorgen erscheinen in einer Situation, in der ein naher Angehöriger oder Partner sich gerade befindet, oft übermäßig groß und nahezu nicht zu bewältigen. Gehen Sie sorgsam mit sich um, probieren Sie gegebenenfalls Meditation, Yoga oder Achtsamkeitsübungen aus. Zugegeben – das ist alles einfacher aufgeschrieben als umgesetzt …

Burn-out durch Pflege

Für Angehörige, die sich kümmern, verändert sich im täglichen Zusammensein mit dem Erkrankten das ganze Leben. Zuvor hatten sie einen Beruf mit geregelten Arbeits- und Ruhezeiten. Sie bekamen dafür ein angemessenes Gehalt, und in der Regel hat Ihnen das, was Sie getan haben, auch Freude gemacht.

Die neue Aufgabe bedeutet nicht nur eine große Umstellung, was die Rahmenbedingungen angeht, sondern vielfach kann die Situation (mit zunehmender Dauer) auch als große Belastung empfunden werden. Denn anders als im Berufsleben gibt es keine *arbeitsfreien* Tage, wie beispielsweise Wochenenden oder Feiertage, die man zur freien Verfügung hat. Vielmehr ist der *Pflegeeinsatz* jeden Tag aufs Neue gefragt – und das auf unabsehbare Zeit, meist über viele Jahre.

Da wundert es kaum, dass pflegende Angehörige schnell überfordert sind. Das *Burn-out-Syndrom* ist von körperlicher, emotionaler und geistiger Erschöpfung gekennzeichnet. In Laufe der Zeit nimmt noch dazu die Leistungsfähigkeit rapide ab. Hinzu kommen allerlei psychosomatische Störungen. Insbesondere sind die Angehörigen von Schuldgefühlen geplagt, die nicht zuletzt in einer Depression münden können.

Ursache ist schlussendlich, dass die Angehörigen so unter (selbstgemachtem) Druck stehen, dass sie die Fähigkeit verlieren sich zu erholen. Auch die Suchtgefährdung nimmt allgemein zu.

Wenn das Mitgefühl überfordert

Posttraumatische Belastungsstörungen (PTBS) werden im Allgemeinen als verzögerte Reaktionen auf erschütternde Ereignisse (wie Krieg oder Naturkatastrophen) beschrieben. Im Extremfall können ähnliche Symptome aber auch entstehen, wenn man als Angehöriger einen betroffenen Erkrankten in seinem Leid begleitet.

Angehörige, die einen nahestehenden Menschen pflegen und sich um ihn sorgen, kennen die Phasen, in denen man versucht, mehr Distanz zwischen sich und den anderen zu bringen, um bestimmte Situationen überhaupt ertragen zu können. Betroffene fühlen sich dann wie betäubt und klagen über das Gefühl emotional abzustumpfen.

Betroffene Pflegekräfte (im privaten wie im professionellen Bereich) durchleben belastende Situationen in Form von Flashbacks oder (Alb-) Träumen immer wieder. Sie empfinden selten Freude, fühlen sich gleichgültig und teilnahmslos gegenüber ihren Mitmenschen. Häufig vermeiden sie Aktivitäten und Situationen, die Erinnerungen an das Trauma wachrufen könnten. Der Krankheitsverlauf kann außerdem mit Angststörungen, Depressionen und sogar Suizidgedanken einhergehen. Die meisten Betroffenen können durch eine Therapie geheilt werden. Ein erster Schritt dazu ist immer das Anerkennen der eigenen Hilflosigkeit.

Depressionen in der Pflegesituation

Krankheit verändert, und zwar sowohl den betroffenen Patienten selbst als auch die Menschen, die sich um ihn kümmern. Eine hingebungsvolle Pflege im häuslichen Umfeld baut fast zwangsläufig einen starken physischen und psychischen Druck auf, der gar nicht so selten beide Seiten extrem belastet.

Probleme potenzieren sich

Je länger eine Pflegesituation dauert, desto belastender ist sie. Das ist so, weil die Menschen, die mit so einem Schicksal konfrontiert sind, sich auch verändern. Das gilt für psychische Erkrankungen wie für körperliche Gebrechen gleichermaßen. Angehörige, die beispielsweise einen Menschen mit Demenz betreuen, sind natürlich nochmal mehr belastet. Sie müssen oftmals mit ansehen, wie sich der Charakter ihres Partners oder eines Elternteils verändert. Darüber hinaus ist es aber auch bei anderen Einschränkungen durchaus so, dass ehemals friedfertige Menschen plötzlich aggressiv, gewalttätig oder verbal verletzend werden. Mitunter treten natürlich auch noch finanzielle Probleme auf, manchmal muss eine neue Wohnung gesucht werden. Nichts ist mehr wie früher. Solche lebensverändernden Situationen gehen nicht spurlos an den Betroffenen und ihrem Umfeld vorbei.

Da meist der Patient im Mittelpunkt steht und weniger der pflegende Angehörige, wird der schleichende Beginn einer Depression oft nicht bemerkt.

Nur traurig oder schon depressiv?

Doch woran erkennt man eine *echte* Depression? Die Symptome einer Depression sind so vielfältig, dass oftmals die Abgrenzung zu ähnlichen Krankheitsbildern schwierig ist. Die Grenzen zwischen einer melancholischen Verstimmung oder einer vorübergehenden Stressphase sind fließend. Stärkstes Symptom für eine Depression ist in jedem Fall eine *traurige* Grundstimmung.

Eine Depression ist vom Gefühl der absoluten Leere gekennzeichnet. Depressive Menschen sind traurig und verzweifelt. Darunter leidet auch das Selbstwertgefühl. Typisch für eine Depression ist die daraus resultierende Antriebslosigkeit. Es entsteht ein Gedankenkarussell, das von Selbstzweifeln und Selbstvorwürfen genährt wird. In schweren Fällen können auch wahnhafte Störungen auftreten.

Doch darüber hinaus gibt es noch mehr Anhaltspunkte: Zumeist sind Menschen, die von einer Depression betroffen sind, nicht dazu in der Lage, Freude zu empfinden. Mangelndes Interesse und Antriebslosigkeit kommen hinzu. Gleichzeitig fühlen Betroffene jedoch oft eine innere Unruhe und Rastlosigkeit. Damit gehen neben einer Konzentrationsschwäche mitunter auch Gedächtnisstörungen einher, genauso wie Schlafstörungen, Angstzustände oder auch Appetitlosigkeit.

Verhängnisvolle Symptom-Verwandtschaften

Wer Kinder hat, der kennt das Phänomen: Klagen die Kleinen über Bauchschmerzen, leiden empathische Eltern gleich mit. Sie sind dann so besorgt, dass die Krankheitssymptome quasi auf sie *überspringen*. Dieses extreme Nachempfinden ist von elterlicher Fürsorge getragen und auch von dem Wunsch, den Kindern Schmerz zu ersparen, indem man ihn auf die eigenen Schultern legt.

Dieses Phänomen wird auch Chamäleon-Effekt genannt. Er bedeutet, dass Menschen in der Lage sind, sich dem Verhalten anderer anzupassen. Das passiert ganz häufig unbewusst, wie bei Eltern, die sich um erkrankte Kinder kümmern. Aber auch ganz gezielt, indem man sich beispielsweise im Beruf seinem Umfeld ein Stück weit anpasst, um das Gemeinschaftsgefühl entstehen zu lassen.

Im Prinzip aber machen wir Menschen das instinktiv, weil wir soziale Wesen sind und stets versuchen, in einer Gruppe anerkannt zu werden.

Menschen sind wandelnde Spiegel

Das gilt zumindest dann, wenn sie andere Menschen ansehen. Man nennt das auch *emotionales Spiegeln.* Dieses Verhalten des emotionalen Spiegelns ist ein Automatismus, der darauf abzielt, die Befindlichkeiten und damit auch die Absichten anderer zu verstehen und vorherzusagen.

Wenn man beispielsweise jemanden anschaut, der lächelt, dann lächelt man unwillkürlich ebenfalls – und zwar so minimal, dass es kaum sichtbar ist. Das dauert auch nicht lange. Der kleine Augenblick genügt jedoch, Erinnerungen an Situationen heraufzubeschwören, in denen man selbst gelächelt hat. So kann man schnell nachvollziehen, was im Gegenüber wohl gerade vorgeht.

Damit aber nicht genug: Das emotionale Spiegeln sorgt dafür, dass Ihnen die anderen Menschen (im Fall des Lächelns) wohlgesinnt gegenübertreten und Sie im besten Fall auch sympathisch finden. Da Lächeln und Lachen bekanntlich ansteckend sind, zaubert die Beobachtung allein schon ein Lächeln auch auf unser Gesicht.

Was im positiven Sinn funktioniert, geht auch anders herum: Ein trauriger oder schmerzverzerrter Gesichtsausdruck bereitet auch dem Beobachter negative Gefühle oder ebenso Schmerzen.

Das emotionale Spiegeln ist wie ein Kompass. Es hilft dabei, die Stimmungen von Menschen blitzschnell zu erfassen und zu wissen, welche Handlungen in dieser Situation wohl angebracht sind und welche eher nicht – zum Beispiel, von wem man sich lieber fernhalten sollte und wem man sich bedenkenlos nähern kann.

Das Spiegeln der Symptome

»Humor ist die Begabung eines Menschen, der Unzulänglichkeit der Welt und der Menschen, den alltäglichen Schwierigkeiten und Missgeschicken mit heiterer Gelassenheit zu begegnen.« Das schrieb Alfred Adler (1870–1937), Begründer der Individualpsychologie. In der Tat gelingt das vielen Menschen immer seltener. Die steigenden Zahlen psychischer

Erkrankungen wie Depressionen und Burn-out-Syndrom insbesondere bei pflegenden Angehörigen zeigen das eindrucksvoll.

Im Laufe des Zusammenlebens mit einem Betroffenen, der unsere Unterstützung braucht, gibt es oft nur wenig Erfreuliches. Jeder Tag bringt im Extremfall ein neues Problem. Und mit der Zeit nehmen wir das auch einfach so hin. Da wir uns nahestehende Menschen fast ständig spiegeln, verstehen wir sie oft auch ohne Worte. Im Prinzip ist dies eine nützliche Angelegenheit, aber eben auch die Brücke zur eigenen Unzufriedenheit. Im Endeffekt führt es (manchmal) dazu, dass wir auch Symptome spiegeln – und zwar im Extrem so geschickt, dass wir genau wissen, wie sich beispielsweise ein hoher Blutdruck *anfühlt*, weil wir nämlich selbst einen solchen haben. Pflegende Angehörige, die sich um einen Menschen mit Demenz kümmern, werden selbst manchmal auch vergesslich.

Zu viel Nähe, so zeigt es sich, ist also mitunter durchaus gefährlich. Deshalb ist es so wichtig, sich selbst wieder in den Fokus der Betrachtung zu stellen und nicht immer nur als Spiegel der Befindlichkeiten des Betroffenen zu fungieren. Und um auf Alfred Adlers Rat zurückzukommen: Üben Sie sich in heiterer Gelassenheit und holen Sie den Humor in ihren Alltag zurück.

Auf den Punkt gebracht: Energie tanken

Sich um andere zu kümmern kostet Kraft. Das Zusammenleben mit einem Betroffenen erfordert stets aufs Neue eine enorme Anpassungsleistung. Daraus resultieren ständige Sorgen und Ängste, dass sich die Situation verschlechtert, Trauer um die unwiederbringlich verschwundenen, gemeinsamen Momente und das schlechte Gewissen, wenn einem der Geduldsfaden reißt. Nebenbei ist noch das bisschen Haushalt zu erledigen, ganz abgesehen von Arzt- und Behördengängen und, und, und … Zeit, um sich zu erholen, bleibt kaum.

Gedanken ziehen lassen

Negative Gedanken erzeugen negative Emotionen und ziehen wiederum negative Gedanken nach sich. Dagegen hilft ein Moment der Stille. Nicht eingreifen, vorbeiziehen lassen und – vor allem – nicht runterziehen lassen. Es geht.

Dabei darf man nicht vergessen, dass Anspannung (= Stress) auch Entspannung (= Erholung) braucht.

Wie Sie zwischendurch und ohne großen Aufwand Energie tanken können:

Musik genießen

Der schnellste Weg zur Entspannung führt über die Musik. Ob Mozart oder Beethoven, die Rolling Stones oder die Bee Gees – Hauptsache, Sie schalten beim Zuhören für ein paar Minuten ab. Lieblingsmusik lässt den Stresshormonspiegel sinken und entspannt die Muskulatur. Am besten geht das mit Musik, die Sie lieben und die Sie in eine andere Welt entführt. Wenn Sie sogar mitsingen oder sich im Takt bewegen, hat es ganz sicher funktioniert.

Entspannungstechniken ausprobieren

Jeder Mensch entspannt anders, für jeden gibt es aber trotzdem die passende Entspannungstechnik. Der Klassiker unter den Entspannungsmethoden ist beispielsweise die progressive Muskelentspannung. Dabei werden nach einem bestimmten Schema verschiedene Muskelgruppen zunächst angespannt, und dann wird ebenso bewusst die Anspannung wieder gelöst. Körperlich anzuspannen hilft, psychischen Druck abzubauen. Es geht dabei ums Loslassen.

Noch mehr Entspannungstechniken finden Sie im Kapitel 7.

Entspannung kann man riechen

Düfte haben das Potenzial, für Entspannung zu sorgen. Ätherische Ölzusätze verbreiten beispielsweise einen angenehmen Duft – ob im Vollbad oder erfrischenden Fußbad. Lavendelöl besitzt erwiesenermaßen eine beruhigende Wirkung.

Düfte und Gerüche können für Wohlbefinden sorgen; welche Geruchsinformationen allerdings als wohltuend empfunden werden, ist unterschiedlich. Vom Apfelkuchen über frisch gemahlenen Kaffee bis zu gegrillten Würstchen – jeder Mensch hat seine ganz persönlichen Duftinformationen abgespeichert. Allerdings sollte man es nicht übertreiben, denn zu viel des Guten verkehrt sich manchmal ins Gegenteil.

Fernöstlich entspannen

In Asien sind viele verschiedene Entspannungstechniken bekannt. Ganz gleich ob Yoga, Tai-Chi, Qigong – hinter den exotischen Namen verbergen sich sanfte Wege zu einer besseren Körperwahrnehmung und mehr innerer Harmonie. Im Gegenzug wird man resistenter gegen Stress und öffnet sich einer neuen Ebene der Entspannung. Im Kapitel 7 erfahren Sie mehr dazu.

Bewusst genießen

Gönnen Sie sich zwischendurch einen Snack, den Sie bewusst genießen: ein Eis, einen frisch gepressten Saft oder ein Stück Obstkuchen. Tun Sie das nicht im Stehen, sondern suchen Sie sich einen ruhigen Platz, und konzentrieren Sie sich ganz aufs Kosten und Schmecken.

Lachen befreit Herz und Seele

Lachen hebt die Stimmung und lässt Stresshormone in den Keller purzeln. Lassen Sie Humor in Ihrem Alltag zu! Nehmen Sie sich beispielsweise etwas Zeit, bevor Sie aus dem Haus gehen. Setzen Sie sich bequem hin, schließen die Augen, stellen Sie sich etwas Schönes vor und lächeln Sie. Die gute Laune erwacht mit Ihnen.

Kunst als Glücksbringer

Als Flow bezeichnen Kunsttherapeuten jenen Zustand des Glücks, wenn wir uns voll und ganz einer Tätigkeit widmen und in ihr aufgehen. Das klappt sogar mit Ausmalbüchern für Mandalas. Alternativ braucht es nur einen Stift (oder Pinsel) und ein Blatt Papier, um sich künstlerisch zu betätigen.

Die Kunst mit ihren vielfältigen Ausdrucksmöglichkeiten ist als Entspannungsmöglichkeit besonders gut geeignet. Ob mit Papier und Farben oder das Arbeiten mit Ton, all das fördert und fordert die Feinmotorik, und taktile Reize (durch den Tastsinn erfasst) berühren die Gefühlsebene.

Haustiere entspannen den Alltag

Das Zusammenleben mit Tieren ist gesund und macht glücklich. Ganz gleich, ob Katze oder Hund, Kaninchen oder Kanarienvogel – tierische Mitbewohner sorgen dafür, dass Spannung sich in Entspannung wandelt. Natürlich übernimmt man gerade im häuslichen Umfeld eine zusätzliche Verantwortung, allerdings erleichtern Tiere auch den Umgang mit Menschen, die beispielsweise an Demenz erkrankt sind oder eine Depression haben. Tieren gelingt, was uns Menschen oft so schwerfällt, nämlich auf einer *passenden* Ebene selbst mit schwerstkranken Menschen zu kommunizieren.

Es ist die Ebene der Emotionen und der sinnlichen Wahrnehmungen: Streicheln, berühren, Wärme geben und die bedingungslose Akzeptanz durch ein Tier sind einfach unbezahlbar. Einem Hund beispielsweise fällt es leicht, einem Menschen Wärme und Geborgenheit zu vermitteln. Der Blick in treue Hundeaugen tröstet über die vielen Verluste hinweg. Ein Hund nimmt einen Menschen einfach so, wie er ist, ganz unvoreingenommen von Aussehen, Verhalten oder der kognitiven Leistungsfähigkeit.

Und: Eine kleine Gassi-Runde sorgt für regelmäßige Auszeiten. Der *innere Schweinehund* hat dagegen keine Chance.

KAPITEL 6

Beziehungsstatus: Ungesund!

Allein die Vorstellung, dass der Partner (oder ein Elternteil) eine ernsthafte Krankheit bekommen könnte, versetzt zunächst mal jeden Angehörigen in Stress. Das Ausmaß der kurzfristigen *Panikreaktion* hängt allerdings davon ab, ob es sich um eine chronische oder gar lebensbedrohliche Krankheit handelt oder ob es *nur* ein Beinbruch ist. Der sinnbildliche *Beinbruch* ist zeitlich begrenzt und ein in der Regel ohne Folgen und langfristige Einschränkungen der Bewegungsfähigkeit verheilender Zwischenfall. Zwar bekommt man auch dabei ein Gefühl dafür, wie hilflos man sich fühlen kann, doch ist das ja irgendwann in absehbarer Zeit wieder vorbei.

Bei chronischen oder gar lebensbedrohlichen Erkrankungen ist das anders. Auch das Älterwerden, obwohl nicht krankhaft, erfordert einen kontinuierlichen Einsatz von Menschen im Umfeld, die sich liebevoll kümmern. Doch egal wie die Diagnose auch lauten mag, so ein Ereignis bringt die Paar- oder Familiendynamik immer durcheinander. Da wieder heil herauszukommen, ist gar nicht so einfach.

Loyalität – darauf ist Verlass

Ganz gleich, in welchem Verhältnis Sie als Mensch, der sich kümmert, zum erkrankten Betroffenen stehen, es braucht Vertrauen und Verlässlichkeit, um darauf eine stabile Beziehung zu bauen. Es geht dabei auch (und vor allem) um *Loyalität*.

Doch was ist das eigentlich? Loyal sind diejenigen, die zu einem anderen Menschen stehen, egal, in welchen *Schwierigkeiten* der andere gerade steckt. Bei Loyalität geht es um gemeinsame Werte und Ziele, um ein größeres Ganzes, das man selbst mitträgt und notfalls verteidigt. Insofern ist Loyalität genau der *Kitt*, der Beziehungen auch dann noch zusammenhält, wenn alle anderen drumherum schon längst die Flucht ergriffen haben.

- Loyalität ist beispielsweise die Voraussetzung für echte Freundschaften. Unter Freunden versteht es sich von selbst, für den anderen einzustehen, ihn zu unterstützen und Geheimnisse zu bewahren.
- Loyalität in der Partnerschaft baut auf die gleichen Werte, wie es eine Freundschaft tut. Gegenseitiges Vertrauen in die Loyalität des anderen ist die Basis für eine gute Beziehung. Hinzu kommt da auch meist die körperliche Treue.
- In einer Gesellschaft ist Loyalität der Grundbaustein für funktionierende soziale Beziehungen. Hält man sich an die vorgegebenen Regeln und Gesetze, steht einem friedvollen Miteinander nichts im Wege.

Außerdem macht Loyalität glücklich: Wenn Sie sich mit dem, was Sie tun, identifizieren, macht das zufriedener und erfolgreicher. Versucht man, diese Aussage auf die verschiedenen Pflegesituationen zu übertragen, dann wird schnell deutlich, dass echte Loyalität keine Selbstverständlichkeit ist und durchaus auch Grenzen haben kann.

Achten Sie auf Ihre Worte, denn sie werden zu Taten …

… sprechen Sie also nicht schlecht (oder hinter dem Rücken) über andere, denen gegenüber Sie eigentlich zur Loyalität verpflichtet sind. Das gilt für Freunde, Partner oder Elternteile. Wenn Sie nichts Gutes zu sagen haben, dann halten Sie sich lieber mit Äußerungen ganz zurück.

Damit wir uns nicht falsch verstehen, es geht nicht darum, gar nicht zu sprechen, sondern eben nur darum, nicht über andere *zu lästern*. Die Grenzen zwischen dem seinen Sorgen mal *freien Lauf zu lassen* oder sich alles von der Seele zu reden hin zu einem Loyalitätsbruch sind scheinbar fließend. Denn bei Dritten herumzumeckern hat mit Loyalität nichts zu tun:

- Halten Sie sich zumindest an die Fakten, wenn Sie über (negative) Dinge oder die Krankheit des anderen sprechen.
- Bewahren Sie die Geheimnisse, die Ihnen anvertraut werden. Das betrifft persönliche Details aus dem Leben (und Leiden) des erkrankten Betroffenen und darüber hinaus pikante Details, die den Betroffenen bloßstellen könnten.

Loyalität ist nicht verhandelbar

Sich loyal zu verhalten wird unter Umständen dann schwierig, wenn sich gemeinsame Ziele und Werte verändern. Wenn eine schwere Erkrankung oder fatale Diagnose das gemeinsame Leben aus den Angeln hebt, gerät manchmal auch die Loyalität unter Druck.

Dies passiert beispielsweise dann, wenn der erkrankte Partner eine Entscheidung trifft, die man selbst nicht mittragen möchte, oder wenn Sie Ihren erkrankten Angehörigen gegenüber anderen verteidigen mussten, obwohl der sich gerade wirklich komplett danebenbenommen hat. Gerade in solchen Situationen ist Loyalität aber besonders wichtig. In schwierigen Situationen zeigt sich nämlich, auf wen man sich wirklich verlassen kann.

Ganz oder gar nicht – Loyalität auf Sparflamme ist nicht genug. Loyal zu sein bedeutet auch, etwas mehr zu leisten, als unbedingt nötig ist. Aber das tun Sie wahrscheinlich ohnehin. Wenn es an Loyalität fehlt, wird es kompliziert. Beispielsweise ist eine Partnerschaft einzugehen immer ein Bekenntnis. Es erfordert grundsätzliches Einverständnis mit dem Partner – ohne Vorbehalte, Bedingungen oder Hintertürchen. Mit zunehmender Pflegebedürftigkeit gerät auch die Loyalität unter Druck. Denn diese partnerschaftliche Solidarität findet nicht nur zu zweit (und hinter verschlossenen Türen) statt, sondern muss auch nach außen klar gezeigt werden. Häufig vor anderen schlecht über den Partner zu reden oder hinter seinem Rücken über ihn zu spotten kann das Vertrauen stärker erschüttern und die Beziehung weit mehr gefährden als ein einmaliger Seitensprung.

Sprechen Sie Dinge an, die Sie stören

Das Gefühl von Loyalität kann durch Krankheit und daraus resultierende Konflikte nachhaltig gestört werden. Das gilt für Freundschaften genauso wie für Partnerschaften und manchmal auch in Kinder-Eltern-Beziehungen. Deshalb gehört es auch dazu, sich frühzeitig mit Konflikten auseinanderzusetzen. Sagen Sie deutlich, was Sie stört, damit der andere die Möglichkeit hat, sich zu erklären oder das eigene Verhalten zu ändern.

Loyalität beruht auf Gegenseitigkeit

Loyalität ist immer beidseitig und im Idealfall auch in Balance. Wenn Sie feststellen, dass dieses Gleichgewicht nicht mehr stimmt, sollten Sie das zur Sprache bringen und im Zweifelsfall die Konsequenzen daraus ziehen.

Gespielte Loyalität schadet mehr, als dass sie nutzt. Loyalität hat viel mit Ehrlichkeit zu tun. Das bedeutet umgekehrt, dass vorgetäuschte Loyalität eine *doppelte* Lüge ist. Der ehrliche Weg ist in der Regel der bessere Weg.

Zu einem Loyalitätskonflikt kommt es immer dann, wenn man sich beispielsweise bei einer Demenzerkrankung *gegen* den Partner, aber *für* dessen Wohlergehen entscheiden muss. Die Sache mit dem *Autofahren wollen* bietet sich da als Beispiel an – und zwar sowohl in Bezug auf Menschen mit Demenz als auch auf solche, die körperliche Einschränkungen haben. Es kommt der Moment, in dem man es einfach nicht mehr verantworten kann, da wortlos zuzusehen. Davon einmal abgesehen, dass auch keine Versicherung mehr für irgendwelche Schäden haften würde, ist der Drang nach *Freiheit* bei den Erkrankten oft stärker als jede Vernunft. Und dabei ist Einsicht in die eigenen Schwächen ja ohnehin bei Erkrankten oft schwierig.

Da sind die Grenzen der Loyalität erreicht.

Loyalität hat auch Grenzen!

Die Grenzen der Loyalität sind immer dann erreicht, wo Sie gegen Ihr Gewissen gehen. Wenn Sie merken, dass Sie bestimmte Entscheidungen nicht mittragen können, dann entscheiden Sie sich für Ihr Gewissen und gegen die Loyalität.

Bei jeder Art von Krankheit gerät jede noch so gute Partnerschaft (Freundschaft oder Eltern-Kind-Beziehung), die (hoffentlich) auf Augenhöhe war, in eine Schieflage. Es gibt fortan einen Erkrankten, um den sich gekümmert werden muss, und einen Gesunden, der nun die Rolle des Pflegers oder Helfers übernimmt. Jetzt geht es darum, wie lange diese Rollen übernommen werden müssen und welche weiteren Rollen derjenige sonst noch zu erfüllen hat.

Augenhöhe hin oder her und ganz egal, wie stabil eine Beziehung auch in ihren Grundfesten ist, gibt es nie völlige und dauerhafte Ausgeglichenheit, sonst wäre die Beziehung statisch und somit völlig unflexibel.

Spannungsfeld – Geben und Nehmen

Geben und Nehmen ist in einer stabilen Partnerschaft oder intakten Eltern-Kind-Beziehung für eine begrenzte Zeitspanne normalerweise kein Thema. Hält ein Zustand der Unausgeglichenheit jedoch länger an, entsteht in (fast) jedem Beziehungssystem eine dauerhafte *Schieflage* zwischen Geben und Nehmen.

Dabei stellen sich beim Helfer oft Gefühle von Unzufriedenheit und Ausweglosigkeit ein. Das ist zunächst nicht so offensichtlich, denn diese Entwicklung läuft unterschwellig ab. Und selbst wenn man diese Gefühle bei sich selbst bemerkt, will man sie selten zugeben.

Viel zu lange versuchen die Menschen, die sich kümmern, die Schieflage unter großer Anstrengung auszugleichen. Erst wenn es bereits fast *zu spät* ist, gibt man widerwillig zu, dass die Situation an den Kräften zerrt und an die Substanz geht.

Kurze oder langwierige Krankheiten

Wenn ein Partner für einen überschaubaren Zeitraum für den anderen da ist, sollte das kaum größere Beeinträchtigungen geben. Beinahe jeder kann *die Zähne zusammenbeißen*, wenn der Partner (oder ein Elternteil) Unterstützung braucht.

Auch bei schwerwiegenden Krankheiten versteht es sich für die meisten Menschen von selbst, dass sie an der Seite des Partners bleiben und ihn durch die bevorstehende Zeit begleiten. Und weil es gerade dann so viel zu tun und zu beachten gilt, verlieren viele Menschen, die sich um andere kümmern, sich selbst aus den Augen. Gerade weil das Problem sich quasi unbemerkt entwickelt, vergessen viele, auch für sich selbst zu sorgen. Besteht keinerlei Aussicht auf Verbesserung einer Krankheit, dann muss das Paar Lösungen finden, ob und wie beide mit einer dauerhaften Schieflage umgehen können.

Insbesondere für Frauen ist es häufiger selbstverständlich, sich mit solchen Beziehungen zu arrangieren, vielleicht weil es bis heute weit mehr Krankenschwestern als Pfleger gibt …

Körperliche Einschränkungen

Schwere Erkrankungen gehen häufig auch mit körperlichen Einschränkungen einher. Wie man damit umgehen kann, ist individuell verschieden. Fragen Sie sich, um welche Krankheit es sich konkret handelt und welche Einschränkungen (psychische, physische oder mentale) daraus resultieren. Was kann man unternehmen, um sich mit diesen Begleiterscheinungen auseinanderzusetzen?

Häufig bleibt es ja nicht beim Status quo nach einer Erstdiagnose. Folgeerkrankungen verursachen mindestens ebenso viele Beschwerden wie die ursächlichen Diagnosen. Vielleicht *wandert* der Partner von einer Krankheit zur nächsten, damit er nicht hinschauen und etwas in seinem Leben ändern muss? Vielleicht unterstützen Sie als Angehöriger, der sich kümmert, diesen Prozess mit Ihrer bereitwilligen Hilfe sogar?

Körper, Geist und Seele sind nicht zu trennen, sondern ein ganzheitlicher Ansatz ergibt hier durchaus Sinn.

Doch wie man den täglichen Anforderungen der Pflege und der Beziehung sowie den eigenen Bedürfnissen gerecht werden soll, ist manchmal einfach zu viel verlangt.

Manchen pflegenden Partnern gelingt es problemlos, die Pflege in ihre Paarbeziehung zu integrieren. Bei anderen steht die Trauer um den Verlust der Partnerbeziehung im Vordergrund und blockiert bzw. erschwert die Pflege. Wieder andere stellen die Pflege- über die Paarbeziehung und klagen deshalb viel über die wachsenden Belastungen.

Psychische Krankheiten

Schwierig ist es bei psychischen Erkrankungen. Psychische und physische Krankheiten sind bis heute bei Weitem nicht gleichgesetzt. Die angeschlagene Psyche geht irgendwie immer mit Schwäche einher. Oft denkt man dann vielleicht: »Wenn er nur wollte, könnte man auch anders! Man muss sich doch nur mal zusammenreißen!« Doch so einfach ist es nicht. Nicht jeder, der will, kann auch.

Natürlich darf man die sogenannten *Krankheitsgewinne* nicht außer Acht lassen, denn viele Kranke haben gerade in ihrem Leid auch einen *Nutzen*. Sie erhalten erhöhte und besondere Aufmerksamkeit der Freunde, Familie, von Angehörigen und der gesamten Umgebung. Und manch einer will vielleicht tatsächlich sein *Symptom* nicht aufgeben, weil er dadurch auch die daran geknüpfte Zuwendung verlieren würde.

Beispiel Depressionen

Weil Depressionen keine *Kurzzeitkrankheiten* sind, sondern eher auf Dauer angelegt, sind betroffene Paare häufig gezwungen, ihr Leben und ihren Alltag neu zu organisieren.

Die wohl größte Herausforderung besteht darin, dass derjenige, der als Pfleger agiert, besonders auf sich schauen und darauf achten muss, sich nicht mit der *Pflegerolle* zu überfordern, um am Ende nicht selbst erschöpft und ausgebrannt dazustehen.

Die Gefahr, zu funktionieren, ist groß, schließlich ist der Partner doch viel schlimmer dran. Der Erkrankte wiederum verlangt, bewusst oder unbewusst, vom Helfenden, dass dieser rund um die Uhr für ihn da ist und für alles Verständnis aufbringt und immer unterstützt.

Krankheiten des Alters

Im Alter haben Krankheiten ein anderes Gesicht als in jüngeren Jahren. Sie haben häufig keinen klar definierten Anfang, keinen deutlichen Verlauf, und meist nehmen sie kein wirkliches Ende. Viele Erkrankungen, die im Alter entstehen, werden chronisch und, je nach Wahrnehmung, treten unterschiedliche Beschwerden an gewissen Tagen intensiver auf als andere. Mal ist es die Hüfte, die schmerzt, mal plagt die Atemnot, dann kommen Herzschmerzen ins Spiel. Wer alt wird, der fühlt sich selten ganz wohl, sondern höchstens *relativ* gesund. Im medizinischen Fachjargon hat das einen Namen: *Multimorbidität.* Damit bezeichnet man die Tatsache, dass im Alter häufig eine Erkrankung zahlreiche andere Beschwerden nach sich zieht.

Krankheiten, die so gut wie nur alte Menschen haben, gibt es nicht. Allerdings treten gewisse Erkrankungen bei Alten öfter auf, denn mit den Jahren häufen sich die Abnutzungserscheinungen und Funktionsschwächen des Organismus – die Wahrscheinlichkeit, zu erkranken, steigt.

Der Körper baut im Alter ab

Im Laufe eines Lebens verändert sich der Körper und mit ihm der ganze Mensch. Für die Sünden der Jugend muss der alternde Organismus *zahlen.* Aber auch diejenigen, die stets ein gesundes und aktives Leben geführt haben, bleiben häufig nicht verschont.

Man sagt so treffend: *Der Körper baut ab* – und das ist durchaus wörtlich zu verstehen. Zum Beispiel verändert sich die Knochensubstanz. Mit etwa 70 Jahren hat jeder Mensch etwa ein Drittel seiner ursprünglichen Knochenmasse verloren. Das liegt daran, dass der Körper zunehmend mehr Knochensubstanz verliert, als er nachbilden kann. Dieses Ungleichgewicht ist ein Stück weit normal, kann aber auch krankhaft werden, beispielsweise indem eine *Osteoporose* entsteht.

Mit zunehmendem Alter wird alles schwerer, auch die Bewegungen werden mühsam und schmerzhaft. Die zähe Gelenkflüssigkeit, die den Knorpel versorgt, wird im Laufe des Alters *wässrig.* Sie verliert die Fähigkeit, den Belastungspunkt, an dem zwei Gelenkflächen aufeinandertreffen, elastisch zu erhalten. Wenn der Knorpel sich abbaut, reiben die Gelenkflächen schmerzhaft aufeinander und können sich auch entzünden. Diesen Zustand bezeichnen Mediziner dann als *Arthrose*.

Darüber hinaus lassen die Sinne nach, die Augen werden schlechter, das Gehör nimmt ab. Hinzu kommt, dass auch manchmal das Erinnerungsvermögen nachlässt und sich dadurch eine Demenz-Erkrankung ankündigt.

Der Schritt von den ganz *normalen* Alterserscheinungen hin zu einer Situation, in der ein alter Mensch Pflege braucht, ist oft klein und scheinbar nichtig. Ein Herzinfarkt oder Schlaganfall kann jeden treffen, ein Sturz oder Stolpern (und ein daraus resultierender Knochenbruch) ist schnell passiert. Die Konsequenzen daraus sind aber eben nicht mehr so gut kompensierbar wie beispielsweise mit noch jungen Jahren. Daraus resultiert schlussendlich eine gewisse Pflegebedürftigkeit.

Beziehungsgeflecht

Wer ist krank? Und wer pflegt? Je nach Konstellation treten unterschiedliche Probleme bei der Pflege auf bzw. werden alle Beteiligten gefordert. Dabei stellt sich ganz generell natürlich auch die Frage, wie lange man das durchhält und wo die Grenzen der Belastbarkeit liegen.

In guten wie in schlechten Tagen

Jede Beziehung, die schon Jahrzehnte lang hält, hat über die Zeit feste Strukturen entwickelt. Im täglichen Zusammenleben hat jeder seinen Bereich, jeder seine Kompetenzen; die Schwächen des einen werden durch die Stärken des anderen ausgeglichen. Durch eine schwerwiegende Diagnose geraten diese festen Machtstrukturen ins Wanken. Dass sich die Verhältnisse verändern, ist unabdingbar – nur wie das geschieht, ist individuell verschieden.

Die Ehefrau pflegt den Ehemann

Ist es der Ehemann, der erkrankt, trägt die Ehefrau zumeist die doppelte Last. In der Sorge um sein Wohlergehen schießt sie oft übers Ziel hinaus, wird zur Glucke und damit manchmal zur Belastung für den Erkrankten. Da kann es schon einmal vorkommen, dass pflegende Frauen ihren Männern alles *hinterhertragen* und damit jegliche Selbstständigkeit absprechen. Dabei ist es so extrem wichtig, dem Erkrankten nicht allzu viel abzunehmen, um die Fähigkeiten so lange wie möglich zu erhalten bzw. damit einige Fähigkeiten wiedergewonnen werden können.

Der Ehemann pflegt die Ehefrau

Umgekehrt sind Ehemänner, die sich mit der Pflege ihrer Ehefrauen auseinandersetzen müssen, häufig von der Fülle der Aufgaben eines Haushalts überfordert. Erst in solch einer Pflegesituation stellt sich häufig heraus, wie sehr ein eingespieltes Team auf keinen *Spieler* verzichten kann. So oder so brauchen beide Seiten oft Hilfe und Unterstützung, um sich nicht gegenseitig aufzureiben.

Natürlich sind es nicht immer *alte* Paare, die in so fatale Abhängigkeiten geraten. Je jünger die Beziehung ist, desto schwieriger ist es, sich abzugrenzen – zum Beispiel deshalb, weil parallel zur Pflege auch noch die Berufstätigkeit beibehalten werden muss.

Wenn aus einer Paarbeziehung eine Pflegebeziehung wird

Eine schwere Diagnose bei einem Partner führt häufig dazu, dass aus einer Paarbeziehung eine Pflegebeziehung wird. Das erschüttert die Partnerschaft (oder Ehe) nachhaltig. Daraus resultiert nicht selten eine Krise, die aber nicht automatisch das Ende der Beziehung einläutet. Es kann auch eine Chance sein, definitiv jedoch ist es eine Herausforderung. Nur ganz selten ist eine schwere Erkrankung auch ein echter Scheidungsgrund.

Voraussetzung dafür, auch künftig zusammenzubleiben, ist die Bereitschaft beider Partner, eine neue Art von Beziehung zu entwickeln.

Dafür jedoch muss man sich von der Partnerschaft, wie sie einmal war, verabschieden.

Abschied nehmen hat immer etwas Trauriges, jedoch sind Beziehungen zwischen zwei Menschen stets von Veränderung geprägt. Solche Brüche haben langjährige Partnerschaften in der Regel schon viele erlebt – und gemeistert. Beispielsweise ist die Geburt eines Kindes eine solche Herausforderung, die auch Veränderungen mit sich bringt.

Wenn jedoch wie bei einer schweren Erkrankung kaum noch Vertrautes bleibt, man sich mit den Problemen als pflegender Angehöriger alleingelassen fühlt, kann schon auch Frustration aufkommen. Das liegt daran, dass die wichtigen Säulen der Partnerschaft wegbrechen oder zumindest untergraben werden. Es stellt sich heraus, dass *in guten wie in schlechten Zeiten* eben mehr erfordert als tief empfundene Liebe – nämlich auch das Loslassen können. Lesen Sie dazu auch im Kapitel 7 weiter.

Was pflegenden Partnern zu schaffen macht, ist beispielsweise …

… die Loyalität

Wenn die Einsicht beim betroffenen Partner in die eigenen neuen Defizite fehlt, dann gerät die Loyalität mit unter Druck. Die Sorge um das Wohlergehen des anderen führt ganz häufig dazu, dass man dessen gesundheitlichen Belange vor die Person mit ihren Wünschen und Bedürfnissen stellt. Dabei hilft es manchmal, sich vor Augen zu führen, dass der Patient einen freien Willen hat, ein eigenständiger Mensch ist und nicht auf seine Krankheit reduziert werden sollte.

… die Kompetenzverschiebung

Sorgen und Probleme hat man früher gemeinsam geschultert, jetzt steht häufig einer allein für beide ein. Damit kann ein Partner, der sich kümmert, schon einmal überfordert sein, vor allen Dingen dann, wenn eine Beziehung auf Augenhöhe nicht mehr möglich ist. Die Verantwortung allein zu tragen und zu übernehmen ist schwer, vor allem, wenn die rechtlichen Formalitäten zu Beginn der Erkrankung nicht eindeutig geklärt wurden. Auch emotional ist es schwierig, *über den Kopf* des anderen hinweg Entscheidungen zu treffen, die vielleicht dringend notwendig sind.

… die Intimität

Die körperliche Vertrautheit wird häufig durch ein immer größeres Schamgefühl des betroffenen Partners aufgelöst. Im sexuellen Bereich kommt es entweder zum Nachlassen oder seltener zur Steigerung des sexuellen Interesses des Erkrankten. Auch Gesten der Zuneigung und Zärtlichkeit nehmen mit der Zeit häufig ab.

Keine Angst vor Zärtlichkeit

Für viele Ehepartner, die sich um einen Betroffenen kümmern und ihn unter Umständen pflegen, ist die Frage, wie es künftig mit dem Sex sein wird, nicht gerade vorrangig. Doch irgendwann werden Sie sich – und womöglich auch der erkrankte Partner – fragen, wie es mit Ihnen als Paar weitergehen soll.

- Können Sie weiterhin Zärtlichkeiten austauschen?
- Wie sollten Sie ab sofort mit dem Thema Sexualität umgehen?
- Müssen Sie darauf achten, dass sich Puls und Blutdruck in einem bestimmten Rahmen bewegen? Das könnte zum Beispiel der Fall sein, wenn der Betroffenen einen Schlaganfall oder Herzinfarkt hatte.
- Können Sie gar einen weiteren Herzinfarkt (oder Schlaganfall) auslösen, wenn Sie Dinge tun, die ein Paar nun einmal so tut?
- Wie gehen Sie als *gesunder* Partner mit den körperlichen Defiziten (beispielsweise einer Brustamputation nach einer Krebsdiagnose oder einem künstlichen Darmausgang) um?

Natürlich sollten Sie einerseits die Leistungsgrenze Ihres Partners beachten und Warnzeichen wie zum Beispiel Kurzatmigkeit oder ein Engegefühl in der Brust ernst nehmen. Andererseits ist es eine legitime Frage, die Sie dem behandelnden Arzt stellen sollten. Allerdings sind selbst gute Mediziner bei solch offenen Fragen wie der der Sexualität ihrer Patienten manchmal ein bisschen *verklemmt*.

Tatsächlich klettert der Puls beim Sex nur selten in Regionen, die wirklich besorgniserregend werden können. Im Gegenteil kann sich ein erfülltes Sexualleben positiv auf die Herzgesundheit auswirken, Stress abbauen und das seelische Wohlbefinden steigern.

Tipp für Angehörige

Haben Sie dennoch Bedenken, äußern Sie diese gegenüber Ihrem Partner. Denn Ihre Zurückhaltung könnte er womöglich falsch auslegen und denken, er sei nicht mehr attraktiv für Sie.

Let's talk about sex

Erstaunlicherweise wird über Sexualität bei Krankheit und körperlichen Einschränkungen viel zu wenig gesprochen. Die Therapeutin Andrea Bräu schrieb in ihrem Buch *»Bettgeflüster«*[3]: »Paare, die nicht über Sex sprechen, werden bald keinen mehr haben.« Traurig, aber wahr – und das gilt für gesunde Partnerschaften ebenso wie für solche, die durch die Krankheit des einen auch den anderen aus dem bislang gewohnten Gleichgewicht bringen.

Ebenso ist es eine Tatsache, dass die *Verweigerung* ein besonders effektives und machtvolles *Verhütungsmittel* ist. Denn entzieht man dem Partner (ganz gleich, ob er krank ist oder nicht) die körperliche Nähe, sucht dieser immer zuerst die Schuld bei sich selbst. Daraus resultiert nicht selten eine Demütigung, die auch durch noch so liebevolle Fürsorge nicht wettgemacht werden kann.

Wenn Sie auf Nummer sicher gehen möchten, sprechen Sie außerdem mit einem Arzt. Er kann Sie genau darüber aufklären, wie Sie sich verhalten sollten und ob Sie bedenkenlos Spaß haben können.

Lassen Sie darüber hinaus Ihrer Fantasie freien Lauf: Es gibt so viele Arten, wie Paare miteinander intim werden (und Spaß haben) können, ohne sich durch körperliche Defizite abschrecken zu lassen.

Und sprechen Sie miteinander! Auch darüber, warum Sie beispielsweise keine Lust mehr empfinden. Nur so geben Sie dem Partner (ganz

3 Bräu A.: Bettgeflüster: Die besten Kommunikationstipps für Paare. Verlag südwest, München 2013

gleich, ob krank oder gesund) die Chance, neue Leidenschaft zu entfachen. Die Variante *Brüderlein und Schwesterlein* ist nur in Ausnahmefällen eine Option mit Zukunft.

Alte Beziehungen – neu definiert

Niemand kennt einen erkrankten Ehepartner besser als Sie. Typisch ist dabei, dass Sie auch durchaus stolz darauf sind, die Bedürfnisse des betroffenen Partners gut zu kennen und ihnen gerecht zu werden. Der Schutz der Persönlichkeit und der Würde liegt Ihnen besonders am Herzen. Das ist eine gute Basis dafür, ein neues Miteinander zu etablieren. Doch dass man den täglichen Anforderungen der Pflege und der Beziehung sowie den eigenen Bedürfnissen gerecht werden soll, ist manchmal einfach zu viel verlangt.

Manchen Partnern, die die Verantwortung tragen, gelingt es problemlos, die Pflege in ihre Ehebeziehung zu integrieren. Bei anderen steht die Trauer um den Verlust der Partnerbeziehung im Vordergrund und blockiert bzw. erschwert die Pflege. Wieder andere stellen die Pflege- über die Paarbeziehung und klagen deshalb über die wachsenden Belastungen.

So oder so braucht es klärende Gespräche und emotionale *Wiedergutmachungen*, damit keine *unsichtbare Mauer* zwischen dem Paar entsteht. Es ist möglich, sich in der Krankheit des eines Partners einer neuen gemeinsamen Beziehung zuzuwenden. Aber das geht eben nur, wenn man nicht auf ewig in den Mustern der Vergangenheit gefangen bleibt.

Zwischen Eltern und Kindern

Ganz gleich, wie alt wir sind, wir bleiben doch immer Kinder unserer Eltern. Dennoch müssen wir irgendwann erwachsen werden – spätestens dann, wenn die Eltern Unterstützung brauchen, um den Alltag zu meistern. Es ist Zeit, erwachsen zu werden und Verantwortung zu übernehmen. Die moralische Verpflichtung wiegt schwer, jedoch erwächst daraus nicht immer ein tatkräftiges Engagement.

Dabei ist es jedoch so, dass Pflege nur ganz selten *automatisch* funktioniert. Das gilt gerade dann, wenn es mehrere Kinder gibt, die potenziell für eine Versorgung infrage kommen – zumal die Pflege alter Menschen nicht wirklich den normalen *Versorgungsinstinkt* anspricht.

Pflege ist weiblich

Pflegende Angehörige sind überwiegend weiblich. Über die Gründe dafür zu philosophieren ist müßig. Nach wie vor gibt es immer noch mehr Altenpflegerinnen als Altenpfleger, und auch der Begriff der Krankenschwester weist die Pflegekompetenz eindeutig den Frauen zu.

Insbesondere wenn es um die Versorgung älterer Verwandte geht, ziehen sich Söhne eher aus der Affäre, als es Töchter tun können. Dabei ist es dann häufig auch so, dass Schwiegertöchter durchaus *in die Pflicht* genommen werden. Worauf es allerdings ankommt, ist nicht der Verwandtschaftsgrad, sondern wie man mit der Situation umgehen kann. Manche Betroffene möchten sich nicht so gern von nahen Verwandten versorgen lassen. Es ist ihnen unangenehm, und sie schämen sich ob der offensichtlichen Hilflosigkeit.

Die Entscheidung, wer pflegt, lässt sich also nicht allein durch den Verwandtschaftsgrad regeln.

Verantwortung macht Angst

Es ist vollkommen normal, dass man Angst hat, wenn schwerwiegende Entscheidungen anstehen und sich je nach der Entscheidung auch das eigene Leben verändern wird. Bei der drohenden Pflegebedürftigkeit von Eltern ist es genauso. Es geht um Verantwortung und um Veränderungen des eigenen Lebensentwurfs.

Die Angst vor der Verantwortung wird im Wesentlichen von zwei Gefühlen genährt – nämlich von Mitleid und Selbstmitleid. Dabei wissen Sie sicherlich (vgl. Kapitel 1), dass Mitleid ein eher unproduktives Gefühl ist. Das bedeutet nämlich, stellvertretend für die Eltern zu betrauern, dass sie zunehmend schwach und hilflos werden. Wir fragen uns, wie sie mit den anstehenden Veränderungen und den schwindenden Fähigkeiten wohl umgehen werden. Wir bemitleiden sie ob der Tatsache, dass Erkrankungen des Alters keine Aussicht auf *Besserung* bieten und somit der Verfall vorprogrammiert ist.

Das Selbstmitleid ist fast noch dominanter als das Mitleid. Wir wünschen uns einfach, dass alles so bleibt wie es ist – und vor allem, dass unsere Eltern so bleiben, wie wir sie in Erinnerung haben. Aber so, wie es war, wird es nie wieder sein. Aus Selbstmitleid spricht auch eine gehörige Portion Egoismus. Wir denken: »Ich will nicht, dass sich etwas ändert. Ich will meine Sorglosigkeit nicht verlieren.« Und aus Selbstmitleid entspringt auch die Angst. Denn Verantwortung zu übernehmen bedeutet, sich Sorgen zu machen und auch Entscheidungen zu treffen, die das Leben des betroffenen Elternteils beeinflussen.

Zu mir oder zu dir? Wo und wie wollen wir leben?

Tatsache ist, dass die Lebenszufriedenheit im Alter ganz stark von der Wohnsituation abhängt. Anders als beispielsweise bei Lebenspartnerschaften steht bei einer Versorgung von Eltern, die Pflege brauchen, fast immer auch ein Wohnungsthema im Raum.

Verschaffen Sie sich zunächst einen Überblick darüber, was überhaupt möglich ist.

Bei den Kindern einziehen

Das ist der Klassiker unter den Versorgungsmöglichkeiten. Wer sich allerdings dafür entscheidet, wählt zugleich die Möglichkeit, die fast automatisch sehr viele Probleme mit sich bringen kann. Schwierigkeiten gibt es dabei auf wirklich allen Seiten und für alle Beteiligten. Da ist der alte Mensch, der seine eigenen vier Wände (selbst, wenn sie nur gemietet sind) verlassen muss und im besten Fall in ein großes Zimmer (oder eine Einliegerwohnung) zu den Kindern (und deren Familie) ziehen soll. Allein die räumliche Einschränkung fällt den alten Menschen schwer. Andererseits kehrt damit auch das *Leben* zurück. Manchmal ist das schön, manchmal aber auch ein bisschen zu viel Trubel für einen Senioren. Aber auch die Familie der Kinder muss sich an den neuen Mitbewohner erst gewöhnen. Da muss man Rücksicht nehmen und auch die Macken ertragen, die so gar nicht mit einem *modernen* Lebensstil vereinbar sind.

Betreutes Wohnen oder Seniorenresidenz

In die Nähe der (erwachsenen) Kinder ziehen, aber selbstständig bleiben, klingt da schon viel entspannter. Allerdings zieht auch diese Überlegung einen ganzen *Rattenschwanz* weiterer Entscheidungen nach sich. Da ist einerseits der Umzug in eine neue Wohnung und damit verbunden in eine neue Umgebung. Andererseits bleibt man (beim betreuten Wohnen) dennoch als älterer Mensch sein eigener Herr und hat einen Rückzugsort. Im Idealfall kann man das Maß der Unterstützung durch die Familie bestimmen oder in der Einrichtung *hinzubuchen.*

Umgekehrt ist es natürlich in einer Seniorenresidenz oder einem Pflegeheim. Da zieht man als älterer Mensch, der Unterstützung braucht, dorthin, wo die *Pflege* wohnt. Aber darüber wollen die meisten Menschen erst einmal nicht nachdenken.

Zuhause bleiben und Pflege hinzuholen

Das wünschen sich viele Senioren insgeheim – und das ist auch möglich, wenn sich erwachsene Kinder mit an der Organisation beteiligen. Ob man sich nun für einen Pflegedienst entscheidet oder eine entsprechende Pflegekraft ins Haus (in die Wohnung) einquartiert, all das kann man auch aus der Ferne managen. Trotzdem bleibt natürlich ein Rest *schlechtes Gewissen*, daran kommt man nicht vorbei.

Entscheidungen mutig treffen

Was kommt da auf uns zu? Passen die Sorgen um die alten Eltern zur eigenen Lebensplanung? An einigen Fakten führt kein Weg vorbei: Erwachsene Kinder müssen sich um ihre älter werdenden Eltern kümmern. Nur in welchem Maß und mit wie viel persönlichem Einsatz sie das tun, bleibt jedem selbst überlassen. Mit dem Gefühl der moralischen Verpflichtung allein lässt sich jedoch keine befriedigende Pflegesituation herstellen. Das Herz muss schon auch mit dabei sein.

Nun gehört es sich ja eigentlich nicht, seine Vorbehalte und Bedenken gegen die häusliche Pflege laut auszusprechen. Deshalb stimmen viele voreilig zu und überfordern sich damit oftmals selbst. Denn der Wille kann vielleicht Berge versetzen, er hat jedoch auch seine Grenzen. Gut gedacht ist noch lange nicht gut gemacht. Andererseits hinterlässt die Entscheidung, eben nicht zu Hause zu pflegen, ein schales Gefühl des Versagens und der Schuld. Sich gegen die häusliche Pflege zu entscheiden ist schwer. Sie hat nur dann eine Chance, wenn man Folgendes bedenkt:

- Die emotionale Verpflichtung darf nicht über alle anderen Anforderungen gestellt werden. Jeder Mensch hat auch eine Sorgfaltspflicht gegenüber sich selbst.
- Die eigenen Bedürfnisse über die von einem anderen zu stellen, ohne selbstverliebt und egoistisch zu wirken, ist eine Kunst.
- Diese Kunst verlangt es, dass man sich vom Perfektionismus verabschiedet, denn Übermenschliches zu leisten ist dauerhaft kaum möglich.
- Lassen Sie sich deshalb nicht allein von Emotionen leiten; denn was kurzfristig nützt, kann langfristig viel Schaden anrichten.

Gefühle zulassen

Ganz gleich, was auch Ihr Leben und nicht nur das Ihres Partners (oder Elternteils) – zumindest vorübergehend – so plötzlich aus den Fugen gebracht hat, es hat durchaus das Potenzial zur Krise. Neben der Sorge um den Gesundheitszustand kommen oft weitere Fragen auf: Wie geht es weiter, wie wirkt sich die Krankheit auf die Beziehung (oder die Familie) aus? Wahrscheinlich fragen Sie sich aber auch, wie sich Ihr eigenes Leben verändern wird, welche Belastungen auf Sie zukommen oder ob Sie nun (beispielsweise) die Familie alleine ernähren müssen.

Es werden sich vielleicht aber auch Gedanken und Gefühle einstellen, die Sie erschrecken: Neben der Sorge und dem Stress fühlen Sie sich womöglich allein gelassen von Bekannten, Familie und Freunden. Immerhin steht der Erkrankte im Mittelpunkt.

Unter Umständen ertappen Sie sich sogar dabei, dass sich ab und an negative Gefühle gegenüber Ihrem Partner (oder Elternteil) einschleichen: Frust beispielsweise, weil er den Lebensstil nicht verändert, die Medikamente nicht regelmäßig einnimmt oder nach der Diagnose in ein seelisches Tief fällt, aus dem Sie ihm nicht heraushelfen können.

Lassen Sie diese Gefühle zu und fühlen Sie sich deshalb nicht schuldig. Schon gar nicht sollten Sie sich – weder von sich selbst, noch von anderen – Schuldgefühle einreden lassen. Sie können weder etwas für die lebensverändernde Diagnose (auch nicht, falls Sie sich gerade in einer Partnerschaftskrise befunden haben oder der Alltag sehr stressig war) noch dafür, dass Sie sich mit der neuen Situation überfordert fühlen.

Vertrauen Sie sich jemandem an und sprechen Sie auch mit Ihrem Partner über Ihre Gedanken und Gefühle. Womöglich helfen Ihnen in dieser Situation auch eine gemeinsame Therapie oder Gespräche mit anderen Menschen, die sich in der gleichen Situation befinden.

Es ist ganz wichtig, dass Sie auch lernen, sich besser abzugrenzen. Lassen Sie die Krankheit (und ihre Folgen) beim Erkrankten und übernehmen Sie diese nicht. Denn: Helfen kann nur der, der sich selbst helfen kann; und dafür brauchen Sie all ihre Kraft!

Auf den Punkt gebracht: Krisen in Pflegebeziehungen lösen

Das Leben könnte so schön sein. Das wünschen sich zumindest viele Angehörige, die sich kümmern. Und wenn schon nicht unbedingt *schön*, so doch zumindest friedvoll und harmonisch. In der Tat ist es aber nicht immer so – und öfter als einem lieb ist kommt es aus nichtigem Anlass zu einem Disput.

Niemand will das, keiner braucht das – doch Geduld ist eben auch kein nachwachsender Rohstoff und Gründe, unterschiedlicher Meinung zu sein, gibt es viele. Paare oder Eltern und Kinder haben über die Zeit eine gewisse *Streitkultur* entwickelt, die mit hoher Treffsicherheit zum

Eklat führt. Diese *Muster* lassen sich nur durchbrechen, wenn man sich beispielsweise eine neue Methode (oder Technik) angewöhnt.

Die LEAF-Methode

Sie wurde eigentlich entwickelt, um Streitigkeiten am Arbeitsplatz schnellstmöglich beizulegen. Allerdings funktioniert sie auch im privaten Bereich sehr gut. Bei LEAF handelt es sich um ein englisches Akronym, das für folgende Punkte steht:

Listen = zuhören
Empathize = sich in jemanden hineinversetzen
Apologize = sich entschuldigen
Fix = reparieren, also das Problem lösen

Diese kurze Formel lässt sich leicht einprägen und bei mehrmaliger Übung binnen kürzester Zeit umsetzen. LEAF eignet sich besonders gut, um Missverständnisse zu klären, bevor daraus ein länger währender Konflikt einsteht.

Wie funktioniert die LEAF-Methode?

Die *Zutaten* sind hinlänglich bekannt. Was so simpel klingt, stellt für viele Menschen in *Pflegebeziehungen* ein Problem dar.

Listen heißt: Hören Sie genau zu

Eigentlich ist dies eine Selbstverständlichkeit, aber manchmal geht es bei Streit zwischen Erwachsenen wie im Kindergarten zu, getreu dem Motto: Wer lauter ist, hat recht. Und so wird einfach weitergeredet, und der andere erhält kaum eine ernsthafte Chance, seine Meinung zu äußern.

Oder aber es wird dem anderen scheinbar die Möglichkeit gegeben, seine Sichtweise des Problems zu schildern, aber bei jedem einzelnen Punkt wird sofort dazwischengeredet. Das ist einerseits ein typischer Verteidigungsimpuls. Andererseits ist es eben sehr unhöflich, den anderen nicht ausreden zu. Allerdings vertun Sie als Angehöriger, der sich kümmert, damit die wertvolle Chance, herauszufinden, was Ihren erkrankten Partner (oder Elternteil) wirklich umtreibt. Wenn es jedoch tatsächlich Unklarheiten oder Verständnisfragen gibt, dürfen Sie natürlich nachfragen.

Aktiv zuhören

Jeder Mensch braucht Bestätigung, insbesondere dann, wenn er einen komplizierten Sachverhalt auf den Punkt bringen möchte. Unterstützen Sie Ihren erkrankten Angehörigen darin, indem Sie sich dem Gegenüber zuwenden, bestätigend nicken und ehrliches Interesse nicht nur *heucheln*.

Empathize heißt: Fühlen Sie sich in den anderen hinein

Im Eifer des Gefechts beharrt man gern auf seiner Position. Aber die LEAF-Methode fordert ein bisschen mehr Flexibilität, nämlich, indem Sie sich in die Position Ihres erkrankten Gegenübers hineinversetzen.

Es ist natürlich weitaus leichter, den anderen von vornherein als den ausgemachten *Übeltäter* auszumachen. Aber häufig wird man der anderen Person nicht gerecht. Es ist völlig normal, dass Menschen, die sich so nah sind, nicht immer einhellig einer Meinung sind. Wichtig ist, dass Sie versuchen, Ihren betroffenen Partner (oder Elternteil) zu verstehen. Erst einmal an das Gute im Menschen glauben – das hat wenig mit Naivität, sondern lediglich mit einem positiven, empathischen Ansatz zu tun.

Dem anderen mit Wohlwollen zu begegnen kann doch nicht so schwer sein. Dazu kommt, dass Sie sich fragen sollten, ob der Auslöser des Streits den ganzen Ärger wirklich wert ist? Es kommt vor, dass Menschen andere als *Blitzableiter* benutzen.

Mitgefühl üben

»In seinen Schuhen zu gehen …« wie es das indianische Sprichwort verlangt, bedeutet, das Tun des Gegenübers ganz praktisch zu *spiegeln*. Erst wenn man in eine Emotion hineingeht, den betroffenen Angehörigen achtsam begleitet, kann man ihn (aus einer ehrlichen Überzeugung heraus) auch verstehen.

Apologize heißt: Entschuldigen Sie sich

Wer die ersten beiden Schritte der LEAF-Methode bereits hinter sich gebracht hat und zu dem Ergebnis kommt, dass er sich womöglich wegen einer absoluten Lappalie aufgeregt hat, sollte diesen Schritt ziemlich schnell erledigen können: Entschuldigen Sie sich bei Ihrem Gegenüber. Sie schlagen so zwei Fliegen mit einer Klappe, denn erstens ermöglichen Sie eine Beilegung des Streits, zweitens zeigen Sie Größe, indem Sie zur Selbstkritik fähig sind. Voraussetzung dafür ist natürlich, dass Sie es ernst meinen und nicht einfach nur etwas so dahinsagen. Entschuldigen Sie sich dafür, dass Sie einen Fehler gemacht und sich verletzend geäußert haben.

Fix heißt: Lösen Sie das Problem

Der letzte Punkt der LEAF-Methode zeigt, dass Sie Verantwortung für Ihr Handeln übernehmen. Sie erklären sich bereit, Ihren Fehler wiedergutzumachen und Ihr Verhalten dahingehend zu ändern, dass so etwas zukünftig nicht vorkommen wird. Zugegeben, nur weil ein Streitpunkt aus dem Weg geräumt ist, bedeutet das nicht, dass es nie wieder passieren kann. Aber wenn Probleme oder Diskussionen immer wieder um den gleichen Themenbereich kreisen, sollten Sie aktiv nach den Gründen forschen. Fragen Sie also direkt, was der Auslöser ist, warum Sie immer wieder zu einem bestimmten Thema in Streit geraten.

Zu viel Nähe – zu wenig Distanz

Zu viel Nähe in einer Beziehung, die durch Krankheit oder Alter gekennzeichnet ist, birgt immer auch die Gefahr, Symptome zu *übernehmen*. Ziehen Sie klare Grenzen, beispielsweise indem Sie sich sagen: »Es ist deine Migräne (schlechte Laune, Depression) und nicht meine. Ich fühle mit dir, aber es hilft uns nicht, wenn wir beide leiden.« Lassen Sie solche ewigen Klagen ins Leere laufen, indem Sie (kurzfristig) auf Distanz gehen.

KAPITEL 7

Das Leid der anderen

Oft ist es nur schwer zu ertragen. Manchmal möchte man einfach nur weglaufen. Es ist ein Reflex, mit dem man sich und den anderen in Sicherheit bringen will. Und dann ist es auch schon wieder gut, einmal tief durchatmen. Eine schnelle Erwiderung einfach runterschlucken, weil man doch weiß, dass dadurch gar nichts besser wird.

Die Liebe wird nicht weniger, wenn man sich kümmert, aber sie wird anders. Da sind mit der Zeit viel mehr Aspekte von Fürsorge enthalten. Eine Beziehung auf Augenhöhe wird von einer anderen Form des Zusammenseins abgelöst. Das ist überhaupt nicht schlimm. Das ist auch nichts, wofür man sich schämen muss. Es ist, wie es ist. Auch für den inneren Konflikt, mit dem viele pflegende Angehörige ständig kämpfen, muss man sich nicht schämen. Ein Grund zu gehen ist das alles nicht.

Mein Partner – ein Pflegefall

Nehmen wir dieses *Worst-case*-Szenario einmal vorweg: Darf man den pflegebedürftigen Partner verlassen? Allein der Gedanke, den erkrankten Partner ins Heim zu geben oder ihn zu verlassen, ist für viele Angehörige ein Tabu. Aber auch das *darf* man: eine Ehe beenden, die keine mehr ist – selbst wenn der Partner schwer krank ist.

Dennoch tun es die meisten pflegenden Angehörigen nicht. Allein eine solche Überlegung wird mit größter Entschiedenheit verworfen. Zumindest dann, wenn da noch die Liebe zueinander ist.

Andererseits fühlen sich viele Angehörige, die sich kümmern, auch einsam. Das soziale Netz ist brüchig geworden über die Zeit. Selbst dieser Zustand, der schließlich beide trifft, den Erkrankten und denjenigen, der sich kümmert, wird nur selten thematisiert. Es ist eine Art der Verleugnung, aus Selbstschutz geboren. Aber wenn man ehrlich ist, weiß jeder betroffene Partner, dass ein *ruhiges* Leben oft nur durch Rückzug zu *erkaufen* ist.

Man muss aufpassen, dass man sich nicht schämt dafür, dass es ist, wie es ist – sich also zu schämen für all die inneren Konflikte, in denen man steckt und die man auch nicht so toll findet. Für Scham haben Sie keine Zeit, geben Sie diesem Gefühl also keinen Raum. Akzeptieren Sie das Leid des anderen als Bestandteil des Lebens, aber geben Sie der Krankheit nie die Macht, alles zu beherrschen und zu bestimmen.

Das Grundgefühl, das Sie vermitteln sollten, ist: Ich bin bei dir, egal, was kommt, und du musst dich bei mir nicht verstellen. Nicht auch noch für den anderen stark sein und funktionieren zu müssen, kann für Erkrankte ungemein entlastend sein. Und das wiederum entlastet auch Sie selbst.

Wie viel Leid können Sie noch ertragen?

Wie bedingungslos kann Liebe sein? Und wo liegen Ihre Grenzen? Auf keine einzelne dieser Fragen wird es eine allgemeingültige Antwort geben. Auch ist es nicht die Zeit und der Ort, um mit *Durchhalteparolen* gute Laune zu verbreiten. Die Lage ist ernst, aber nicht hoffnungslos.

Wo genau Sie gerade stehen, wissen nur Sie selbst. Grundsätzlich ist es in einer Partnerschaft (oder Eltern-Kind-Beziehung) wichtig, an einem Strang zu ziehen. Das gilt ebenso für die Bewältigung einer lebensverändernden Diagnose – auch und gerade, wenn die Erkrankten noch jung sind und das Ereignis unerwartet kam.

Darf man Versprechen brechen? Hilfe verweigern? Manchmal müssen Tabus laut ausgesprochen werden, um sich der Ungeheuerlichkeit der eigenen Gedanken bewusst zu werden. Ganz alleine ist das nicht zu machen – Krisen bewältigen geht besser gemeinsam. Einen Versuch ist es allemal wert.

Krisen bewältigen

Jeder Mensch hat seine eigene Art und Weise, mit einem Schicksalsschlag umzugehen. Unter Umständen macht sich Ihr Partner (oder Elternteil) sogar weniger Gedanken um die Erkrankung und ihre Konsequenzen als Sie es tun. Manche betroffene Angehörige vergessen die Einnahme von Medikamenten, andere wollen sich schlicht nicht mit der Erkrankung befassen. Sie hingegen (als Mensch, der sich kümmert) sind permanent in Sorge, und Ihre Gedanken drehen sich im Kreis. Vielleicht stehen Sie der Situation aber auch optimistischer gegenüber als Ihr Partner, der sogar in eine Depression verfallen kann. Frustration, Hilflosigkeit, vielleicht sogar Wut können die Folge sein.

Wichtig ist es, dass Sie eine *gemeinsame* Bewältigungsstrategie finden, die die Gefühle und Gedanken von Ihnen beiden widerspiegelt und mit der Sie *beide* zurechtkommen. Bis diese gefunden ist, kann es eine Weile dauern. Verzweifeln Sie nicht, geben Sie sich und Ihrem Partner Zeit und Raum, machen Sie sich bewusst, wie jeder von Ihnen mit der Lage umgeht, und sprechen Sie offen über Ihre Ängste. So werden Sie vielleicht einen gemeinsamen Weg finden, Ihre Lebenssituation auf einen neuen Weg zu bringen.

Aber was wäre, wenn es keinen gemeinsamen Weg mehr gibt?

Geht nicht – gibt's nicht!

Sich selbst Überforderung einzugestehen ist unendlich schwer. Noch schwerer ist, dem erkrankten Partner diese zu gestehen. Man möchte ja nicht, dass er Schuldgefühle bekommt. Allerdings gehört es zu einer wertschätzenden Beziehung, dass man über seinen Kummer spricht.

So oder so lernen viele betreuende Angehörige mit der Zeit, mit sich und ihren Kräften sorgsamer umzugehen. Andere akzeptieren die Situation, statt sie noch länger zu beweinen.

Häufig ist es der berühmte *Tropfen, der das Fass zum Überlaufen bringt.* Dann beispielsweise, wenn der Erkrankte bewusst fahrlässig mit seiner (verbleibenden) Gesundheit umgeht und so droht, alles nur noch schlimmer zu machen. Bedenken Sie bei all dem Ärger darüber und der

Wut, die daraus entsteht, dass der erkrankte Angehörige einen freien Willen hat – und dass auch dieser gegen Ihre eigenen Vorstellungen durchgesetzt werden kann.

Allerdings bleiben die meisten Angehörigen. Warum bloß? Manchmal ist es das schlechte Gewissen, mal die finanzielle Situation, aber meistens ist es eine Mischung aus Treue, Loyalität und Liebe. Solche Erkenntnis resultiert nicht selten daraus, dass sich pflegende Angehörige bewusst machen, *warum* sie bleiben. Oft wird ihnen dann erst klar: Weil ihnen der andere eben noch so viel bedeutet.

All der Liebe zum Trotz entsteht durch Pflege ein Ungleichgewicht in der Beziehung. Das gilt es zu akzeptieren. Die ursprünglich gleichberechtigten Kräfte gehen verloren, wenn einer vom anderen abhängig ist. Das ist normal. Man kann sich aber weiterhin um Augenhöhe bemühen und als Team zusammenleben. Früher besprach man den gemeinsamen Urlaub, jetzt überlegt man gemeinsam, ob man sich das Mittagessen liefern lässt und wer einspringen könnte am freien Tag des Pflegenden. Selbstbestimmtheit ist auch eine Form von Würde, und die sollte erhalten bleiben.

Zwischen Nähe und Distanz

Der Schlüssel, um eine verfahrene Pflegesituation zu entspannen, ist das Loslassen.

Aber: Was ist *loslassen* und wie macht man das?

Stellen Sie sich einen Hund vor, der sich in sein Lieblingsspielzeug verbissen hat. Immer wieder redet das Herrchen auf ihn ein: »Aus! Lass los.« Nur widerwillig oder gar nicht trennt sich der Hund von seinem Spielzeug. Ähnlich kann es uns Menschen gehen. Auch wir können uns in etwas verbeißen – etwa in eine bestimmte Rolle, die wir über viele Jahre *spielen* und die uns mit der Zeit langweilt oder überfordert. Wir können diese Erfahrung, die Gefühle und die Menschen, die damit zu tun haben, nicht loslassen und die Vergangenheit auf sich beruhen lassen.

Loslassen in einer Pflegesituation ist unendlich schwer. Aber warum eigentlich? Weil es bedeutet, sich innerlich von einem *Wunsch* oder einem inneren Anspruch an sich selbst zu verabschieden. Und was kommt dann:

Die große Leere? Die große Freiheit? Loszulassen macht Angst, weil wir etwas unwiderruflich verlieren könnten. Und Verluste sind für die meisten Menschen nun mal etwas Negatives. Das klingt doch einleuchtend, denn wer verliert schon gern etwas …

Manchmal aber geht es nicht anders. Dann nämlich, wenn unser *Festhalten* einen Stillstand zur Folge hat. Gelegentlich ist es leider so, dass wir uns quälen und alles versuchen, doch das, was wir uns wünschen, partout nicht klappt – zumindest nicht auf die Art und Weise, wie wir es bislang versucht haben. Das Glück lässt sich nun mal nicht zwingen. Aber in dieser Situation haben wir die Wahl: Wie reagieren wir darauf? Wie begegnen wir dem Schicksal? Klammern wir weiter, obwohl es wirklich keinen Sinn mehr hat? Wenn wir gezwungen sind, uns von einem Traum, einer Idee, einer Liebe zu verabschieden, liegt es letztlich an uns, mit welcher inneren Haltung wir den Umständen begegnen.

If you love somebody, set him free!

Das Thema *Liebe* mit all ihren Facetten war schon Thema in Kapitel 1. Einerseits beschreiben viele Pflegende das Loslassen einer verfahrenen Pflegesituation als die größte Niederlage überhaupt. Andererseits betrachten Psychologen solche Ereignisse gelegentlich auch als Sollbruchstellen unserer Seele. Sich mit so einem Lebensthema ernsthaft zu beschäftigen, zu ergründen, warum einem der Verlust, das Scheitern in der Pflege eines nahestehenden Menschen so wehtut und wie man dennoch damit weiterleben kann, lässt einen reifen.

Selbst hier hilft eine etwas andere Betrachtungsweise. Denn in schweren Krisen liegt die Chance, das eigene Leben neu zu überdenken. Es bedeutet, sich Fragen zu stellen wie diese: Welchen Sinn hat mein Leben? Welche Rolle spielt der Erkrankte darin? Wie könnte ich den Sinn meines Lebens anders definieren?

Selbst wenn es manchmal noch so unverständlich erscheint: Manche Dinge stellen sich im Nachhinein als positiv heraus oder man macht zumindest seinen Frieden damit. Bei diesem Prozess hilft oft die Erinnerung an etwas anderes, das nicht funktioniert hat – worüber man heute froh ist.

Was passiert, wenn wir nicht loslassen können?

Nicht loslassen bedeutet, dass wir in einer Situation verharren, die unserer seelischen Gesundheit schadet oder uns daran hindert, unsere Fähigkeiten auszuschöpfen. Wir verharren in Trauer und Trennungsschmerz, in Schuldgefühlen und Verantwortung, in einer Partnerschaft, die uns unglücklich macht, oder in einer Pflegebeziehung, die uns überfordert.

Aber warum hat das Festhalten eigentlich so einen schlechten Ruf?

Weil es verhindert, dass wir uns innerlich weiterentwickeln. Dahinter steckt die Vorstellung, alles bliebe immer, wie es ist. Dass das nicht stimmt, haben Sie seit der Diagnose selbst schmerzhaft erlebt. Das Leben ist ein dauernder Wandel. Im Buddhismus beispielsweise lehren die Mönche, dass die menschliche Existenz *veränderlich* ist. Da ist was dran: Genau betrachtet, zieht sich durch unser ganzes Leben ein ständiges Loslassen von Menschen, Orten, Gewohnheiten. Nichts bleibt für immer. Insofern ist *Festhalten* einfach keine besonders schlaue Überlebenstaktik.

Viele Menschen denken, loslassen bedeute, das Schicksal stoisch zu akzeptieren. Das aber lässt keinen Protest, keine Rebellion, keine Neugier offen – und keine anderen Wege. Wer resigniert, macht sich klein. Reines Aufgeben ist emotionslos.

Aber: Wer im guten Sinne loslässt, geht zwar auf Abstand, aber nicht ohne Gefühle. Er bleibt weiter bei sich, hält die Augen offen und weitet sich innerlich, um neue Lösungen zu finden. Etwa in der Liebe: Loslassen kann bedeuten, sich zu trennen. Beispielsweise durch getrennte Schlafzimmer oder gar eine eigene Wohnung. Es kann aber auch heißen, sich von seinen festgefahrenen Vorstellungen von Beziehungen zu lösen, einen anderen Weg zu gehen, vielleicht eine Paartherapie zu beginnen. Oder sich mehr um sich selbst zu kümmern und nicht das ganze Leben auf die Partnerschaft zu beziehen. Das klingt doch vernünftig – oder? Trotzdem scheint uns – egal bei welchem Thema – Festhalten näherzuliegen als Loslassen.

Aber wieso eigentlich? Weil Beharrlichkeit in vielen von uns tief verankert ist. Wir werden von klein auf darauf getrimmt, uns durchzubeißen, auch wenn es wehtut. Die meisten Menschen lernen schon als Kinder, sich noch mehr anzustrengen, wenn etwas nicht klappt. Und deshalb kommt man Jahrzehnte später häufig in solch eine Zwickmühle.

Loslassen bedeutet nicht, den anderen zu verlassen

Loslassen können ist eine Möglichkeit, sich an eine veränderte Situation anzupassen. Wir akzeptieren, dass uns etwas passiert, was unseren Wünschen widerspricht. Das kann im Zusammenleben mit anderen Menschen ziemlich häufig passieren.

Loslassen kann auch beinhalten, dass wir Abschied nehmen von großen Lebensplänen. Die Situation erfordert eine Anpassung an die veränderten Verhältnisse.

Loslassen können ist reine *Kopf-Sache*. Wenn wir loslassen, entscheiden wir uns, unseren Blick weg von der uns belastenden Situation nach vorne zu richten. Wir starten dabei mit den unterschiedlichsten Gefühlen wie etwa Verzweiflung, Trauer, Kränkung, Angst oder Wut.

Dann hilft es vielleicht, darüber nachzudenken, was wir uns selbst damit antun. »Wir sind, was wir denken«, sagt der Dalai Lama. »Mit unseren Gedanken formen wir die Welt.« Und das ist unser Karma. Dahinter steckt eine ziemlich einfache Logik: Alles, was ich tue, hat eine Wirkung. Jede Handlung bedingt eine andere und lässt mich zu dem werden, was ich bin. Immer wenn ich auf eine bestimmte Art und Weise reagiere, erhöht sich die Wahrscheinlichkeit, dass ich es beim nächsten Mal genauso tue.

Viele Verhaltensweisen sind durch Muster geprägt, die wir schon ein Leben lang mit uns herumtragen. Irgendwann kann man dann nicht mehr anders (denkt man zumindest), als in einer bestimmten Situation immer gleich zu reagieren.

Ein einfaches Beispiel: Jemand tendiert dazu, in Stresszeiten Wutanfälle zu bekommen. Für die Umgebung ist er irgendwann ein Choleriker, der eben dauernd rumbrüllt. Weil aber dieser Mensch sich selbst auch immer häufiger wütend erlebt, hat er das Gefühl, gar keine anderen Handlungsalternativen mehr zu kennen. Er denkt über sich selbst: »Ich kann halt nicht anders.« Die westliche Hirnforschung hat die östliche Weisheit inzwischen sogar bestätigt. Neurologen stellten fest, dass häufig gleiches Verhalten in unserem Gehirn für immer stabilere Verschaltungen sorgt. Unsere Reaktionen graben sich als Handlungsmuster ein. Und je öfter wir einen Gedanken oder eine Tat ausführen, umso dominanter wird dieses Muster in uns.

Wie kommen Sie aus diesem Teufelskreis heraus?

Wer auf eigene Gefühle achtet, im besten Sinne also achtsam ist, kommt leichter immer wieder in die Gegenwart zurück und erkennt, dass er durchaus unterschiedliche Verhaltensmöglichkeiten hat. Das hilft auch dabei, sich nicht von Gedanken und Emotionen überrollen zu lassen oder in die – gerade bei Frauen beliebte – Endlos-grübeln-Schleife zu geraten. Indem wir uns immer wieder mit einer Situation befassen, erleben wir immer wieder dieselben negativen Gefühle. Unsere Gedanken kreisen wie ein Karussell:

- »Warum musste mir das passieren?«
- »Wieso hat er mir das angetan?«
- »Warum habe ich mich so verhalten?«
- »Warum ist das Schicksal so ungerecht?«
- »Ich schaffe es nicht, mich aus der Situation zu befreien.«

Nun ist der Punkt gekommen, an dem wir merken, dass wir so nicht mehr weiterleben möchten und können.

Wie kann ein erster Schritt in Richtung Loslassen aussehen? Indem wir zum Beispiel versuchen, mehr im Jetzt zu leben. All das, was wir tun oder fühlen, worüber wir verzweifelt oder glücklich sind – es geschieht in der Gegenwart. Dennoch leben viele Menschen gedanklich in der Zukunft oder in der Vergangenheit. Dadurch setzen sie sich selbst unter Druck. Und sie vergessen darüber ganz, den Moment zu genießen. Das aber ist der Königsweg zum Glück und zur inneren Gelassenheit – und damit zu der Fähigkeit, loszulassen. Carpe diem – genießen Sie den Tag – hier, jetzt, gleich in diesem einen Augenblick. So lassen Sie Sorgen ein bisschen weiterziehen.

- Nicht jedem Menschen gelingt das Loslassen gleich gut; ein bisschen liegt es an unseren Eigenschaften, ein bisschen an unseren Erfahrungen. Großzügigen Menschen zum Beispiel fällt Loslassen oft nicht so schwer: Großzügigkeit und Loslassen gehören zusammen. Deshalb ist auch jeder Akt der Großzügigkeit – sei es Schenken von Zeit, Interesse, Verständnis, Zuwendung, Loyalität, Solidarität – Ausdruck der Fähigkeit, loszulassen. Das lässt sich prima üben.
- Vor allem Perfektionisten fällt es schwerer, loszulassen: Menschen, die immer alles richtig machen wollen, haben häufig weniger inneren Spielraum für neue Lösungen. Sie haben Angst davor, die Kontrolle zu verlieren. Und sind dann natürlich besonders unglücklich, wenn etwas nicht klappt.

Jeder, der es wirklich will, kann loslassen. Wer loslässt, hat die Hände frei. Selbst wenn man nur ein kleines Stückchen Freiheit gewinnt: Sie entdecken wieder, dass Sie die Wahl haben, wie Sie Ihr Leben gestalten möchten.

Loslassen lernen

Machen Sie sich bewusst, dass Sie einen Einfluss auf Ihre Gefühle haben. Ihre Gefühle entstehen durch Ihre Gedanken. Sie haben also die Macht, Ihre Gefühle zu beeinflussen, indem Sie anders denken.

Wann immer Sie an das denken, was Sie loslassen möchten, unterbrechen Sie Ihre Gedanken mit einem STOPP und sagen sich »Ich bin bereit loszulassen«. Sie werden in der ersten Zeit den Eindruck haben, sich zu belügen, da Ihr Gefühl Ihnen etwas anderes sagt. Mit zunehmender Übung wird sich Ihr Gefühl aber Ihren Gedanken anpassen.

Machen Sie eine Gewinn-Verlust-Rechnung auf: Was gewinnen Sie, wenn Sie loslassen? Was verlieren Sie, wenn Sie loslassen? Oder anders herum: Was verlieren Sie, wenn Sie nicht loslassen, was gewinnen Sie, wenn Sie nicht loslassen?

Die Beantwortung dieser Fragen motiviert Sie loszulassen und zeigt Ihnen, welche Ängste und Befürchtungen Sie haben, wenn Sie loslassen.

Stellen Sie sich Ihrer Angst, loszulassen. Überprüfen Sie, ob Ihre Angst realistisch, begründet oder übertrieben ist.

Häufig reden wir uns nämlich ein, dass wir zu etwas unfähig sind oder sich Katastrophen ereignen werden, obwohl dies überhaupt nicht der Fall ist. Nur, indem wir unsere Angst genauer anschauen, stellen wir fest, ob diese begründet ist.

Vermeiden Sie Selbstvorwürfe, so lange an etwas festgehalten zu haben und erst jetzt aus der Situation auszubrechen. Sie haben aufgrund Ihrer Lebensgeschichte so lange gebraucht, um diese Erkenntnis zuzulassen.

Tipp für Angehörige

Beim Loslassen ist es zunächst so, dass Sie sich schlecht fühlen. Sie verlieren nämlich etwas, das Sie bisher glaubten, unbedingt zu benötigen oder tun zu müssen. Es entsteht eine Lücke. Ersatz ist noch nicht in Sicht. Wenn Sie das Loslassen durchhalten, werden Sie langfristig viel gewinnen: Freiheit, Erleichterung, Energie, Lebensfreude.

Sind Sie bereit für ein Leben in Pflege?

Hinschauen, wo es wehtut: Das ist kein einfacher Ratschlag, aber ein notwendiger. Es ist nicht unbedingt so, dass man *alt sein muss*, um in die Pflege-Falle zu geraten. Oft fühlt man sich noch viel zu jung, um mit solch einer Situation konfrontiert zu werden.

Ein Hirntumor, ein Schlaganfall, ein Herzinfarkt – solche Schicksalsschläge können auch Menschen in jüngeren Jahren betreffen. Andererseits tritt die Pflege der eigenen Eltern auch immer früher ein, weil eben die Frauen bei der Schwangerschaft immer älter werden.

So oder so – je jünger Menschen sind, die sich bewusst für die Pflege eines nahen Angehörigen entscheiden, desto schwieriger ist es auch. Man fragt sich: Schaffe ich das? Will ich überhaupt bleiben, bin ich also bereit für das Leben als Pflegender?

Oder umgekehrt: In welchen Situationen sind Menschen eben nicht bereit, sich Tag für Tag um den kranken Partner zu kümmern? Schwierig wird es beispielsweise, wenn der Pflegende berufstätig ist, aber für die Pflege seinen Beruf nicht aufgeben kann oder will. Auch kann es vorkommen, dass die körperliche Pflege eine Beziehung sehr stark strapaziert. Nicht jeder schafft es, dem eigenen Partner regelmäßig beim Toilettengang behilflich zu sein. Besonders überfordert fühlen sich Pflegende, wenn zu der körperlichen Erkrankung noch eine seelische hinzukommt, häufig ist es eine Depression. Sie fragen sich: »Wo bleibe ich in dem Ganzen?« Sie hatten sich die Lebensmitte (oder das eigene Alter) unbeschwerter vorgestellt.

Die Alternative kann sein, Hilfe hinzuzuholen – insbesondere dann, wenn die eigenen Kräfte nachlassen. Sich gegen Pflege zu entscheiden ist nicht leicht; einfach macht sich niemand diese Entscheidung. Aber ja, es gibt Menschen, die nicht pflegen können und wollen.

Manchmal geht es, wenn die Pflege auf mehrere Schultern verteilt werden kann. Auch als quasi *Unbeteiligter* kann man für ein betroffenes Paar das Mittagessen kochen, einkaufen, eine Putzhilfe organisieren, sich zwei, drei Stunden um die pflegebedürftige Person kümmern, damit der Partner mal rauskommt. Auch Hinweise auf öffentliche Angebote zur Unterstützung von Pflegenden wie den Wohlfahrtsverband, die Tagespflege oder die Kirchengemeinde sind oft nützlich.

Den wichtigsten Schritt jedoch müssen die Angehörigen selbst tun: Nämlich über ihren Schatten springen, offen um Hilfe bitten und Hilfe dann auch annehmen Und sie sollten sich von Anfang an pflegefreie Zeiten zugestehen, mindestens einen freien Tag in der Woche. In dieser Zeit können Familienmitglieder, ehemalige Vereinskollegen, Nachbarn, Freunde, Profis helfen. Für Menschen, die in eine Depression schlittern, sind niedergelassene Psychotherapeuten, die Videosprechstunden anbieten, eine gute Idee.

Immun gegen die Belastung?

Es gibt Menschen, die scheinbar über einen unsichtbaren Schutzschild verfügen: Stress perlt an ihnen ab, Schicksalsschläge nehmen sie gelassen an. Auf die täglichen Herausforderungen, die das Zusammenleben mit schwer erkrankten Menschen mit sich bringen, reagieren sie gleichmütig und offenbar gelassen. Da, wo andere mit Überforderung, Depressionen, Angsterkrankungen oder gar mit posttraumatischen Belastungsstörungen reagieren, bleiben sie gesund. Ihre Seele scheint *immun* zu sein gegen die Belastung.

Diese Menschen sind (so der Fachbegriff) *resilient.* Als resilient werden in der Psychologie Menschen bezeichnet, die seelisch in der Lage sind, Lebenskrisen ohne anhaltende Beeinträchtigung durchzustehen und schon in kurzer Zeit wieder zur Hochform aufzulaufen. Resilienz ist eine bewunderungswürdige Fähigkeit und vor allem in der Pflege geradezu unerlässlich.

Damit wir uns nicht falsch verstehen: Resilient sind nicht die, die sich nicht berühren lassen, sondern die, denen es gelingt, in allem Übel auch noch etwas Gutes zu finden. Solche Menschen machen sich keine Illusionen, aber bei Ungewissheit neigen sie dazu, eher einen positiven Verlauf der Dinge anzunehmen, und glauben, dass sie selbst etwas bewirken können.

Resilienz hat also etwas damit zu tun, wie man Situationen einschätzt und bewertet. Je positiver der Standpunkt ist, desto leichter fällt der Umgang mit Problemen – auch und insbesondere mit solchen, die im Zusammenleben mit Menschen, die erkrankt sind, an der Tagesordnung sind.

Das Stehaufmännchen-Phänomen

Bei Resilienz geht es also darum, Krisen, Rückschläge, Verluste oder Trennungen zu meistern, ohne sich davon unterkriegen (oder verbiegen) zu lassen. Statt hilflos das eigene Leben zu betrachten, beschreibt Resilienz die Kraft, weiterzumachen und sich den Herausforderungen stets aufs Neue zu stellen.

Weil Resilienz häufig mit dem berühmten Stehaufmännchen-Phänomen verglichen wird, entsteht manchmal der Trugschluss der Unverletzlichkeit: Einmal kurz auf die Nase fallen, dann flugs wieder aufstehen, die Krone richten und weiter geht's … so einfach ist das aber nicht – und das weiß niemand besser als Sie.

Resilienz ist kein Glücksfall und liegt auch nicht in den Genen. Da es sich um einen Bewertungsstil handelt, kann man jedoch *umlernen* und schädliche Assoziationen *verlernen* – aber nicht mal eben schnell. Dennoch: Unsere Persönlichkeit ist wandelbar und verändert sich im Laufe eines Lebens.

Vor allem wichtige Ereignisse wie Berufseintritt, Heirat, die Geburt eines Kindes, Schicksalsschläge (schwere Krankheit, Verluste oder Gewalterfahrung) und der Renteneintritt nehmen Einfluss auf die Persönlichkeit. So werden junge Menschen mit Beginn des Berufslebens verantwortungsbewusster – mit Renteneintritt lässt diese Gewissenhaftigkeit jedoch nach. Andererseits hat die Persönlichkeit auch Einfluss darauf, wie man einschneidende Veränderungen wahrnimmt und wie man mit ihnen umgeht.

Resilienz stärken: So geht das!

- Akzeptieren Sie Veränderungen als etwas, das zum Leben gehört.
- Betrachten Sie Krisen nicht als unüberwindbares Problem.
- Glaube Sie an Ihre (realistischen) Ziele und Fähigkeiten.
- Treffen Sie aktiv Entscheidungen und verlassen Sie die Opferrolle.
- Sehen Sie die Dinge aus einer langfristigen Perspektive.
- Bauen Sie soziale Beziehungen auf.
- Achten Sie auf sich selbst.
- Denken Sie positiv über sich selbst.

Entspannung gegen Anspannung

Wege zu mehr Ausgeglichenheit wünschen sich viele Menschen, die sich um einen erkrankten Angehörigen kümmern. Dabei gehören Stress und Entspannung zusammen, wie kalt und heiß, oben und unten, gut und böse: Das eine ist ohne das andere nicht denkbar. Stress ist etwas, über das wir uns Gedanken machen, manchmal auch Sorgen. Entspannung hingegen sehen wir (immer noch) als etwas Selbstverständliches an, was einfach geschieht. Dass dem nicht so ist, haben Sie wahrscheinlich im Laufe der Zeit schon erlebt.

Entspannung, die Sie so dringend wünschen, braucht vor allem eins – nämlich Zeit. Zeit, die Sie sich nehmen müssen, auch wenn Sie angeblich keine haben. Hinzu kommt, dass jeder Mensch etwas anderes als entspannend empfindet. Für den einen ist es mehr Bewegung, für den anderen ist es mehr Ruhe. Während viele Menschen zum »Work-out« gern ins Fitnessstudio gehen, ziehen sich andere lieber in die Einsamkeit zurück, um zu meditieren.

Das Ziel von Entspannung ist, Anspannung zu lösen. Das geht jedoch nur, wenn man für den richtigen Ausgleich sorgt.

Öfter mal nur an sich denken

Man könnte auch sagen: Seien Sie öfter mal egoistisch! Das tun Sie natürlich nicht, denn allein schon der Begriff *Egoismus* ist negativ besetzt. Das ist nicht ganz gerecht, denn: Wenn Sie aufhören, an sich zu denken, können Sie auch nicht für andere Menschen da sein. Wie wäre es denn mit *gesundem* Egoismus? Das ist dann die Eigenschaft, eigene Bedürfnisse ernst zu nehmen und sie nicht auf Kosten von anderen zu befriedigen. Aber was soll man sich darunter vorstellen?

Sicherlich sind Sie schon einmal geflogen und haben vor dem Start die Sicherheitsinstruktionen der Stewardess gehört. Eine der Empfehlungen handelt vom *plötzlichen Druckabfall* in der Kabine und dass man die Sauerstoffmasken sofort – und vor allem zuerst sich selbst – aufsetzen und sich erst danach um die eigenen Kinder oder andere Passagiere kümmern soll. Das hört sich allerdings nur dann merkwürdig an, wenn man nicht genau darüber nachdenkt.

Die Aufforderung bedeutet nämlich, dass nur der, der *bei Sinnen ist*, auch anderen helfen kann, die unter den gegebenen Umständen nicht klarkommen. Es ist ein typischer Fall von *gesundem Egoismus.* In diesem Fall wird es auch widerspruchslos hingenommen.

In den meisten anderen Situationen wird die Aussage »Du bist egoistisch« als Vorwurf gewertet und führt im Handumdrehen dazu, dass man sich schlecht fühlt. Da stellt sich doch die Frage: Wer ist hier der Egoist? Josef Kirschner schrieb in seinem Buch »Die Kunst, ein Egoist zu sein«[4] Folgendes: »Hüte dich vor denen, die dich Egoist schimpfen, denn sie sind die wahren Egoisten, weil sie dich manipulieren, um etwas Bestimmtes von dir zu bekommen.« Im Falle eines Pflegebedarfs sind es Zuwendung und Unterstützung. Allerdings nehmen die meisten Menschen, die sich um andere kümmern, ihre eigenen Bedürfnisse zu wenig ernst und vertreten ihre eigenen Interessen nicht genug. Kirschner schreibt auch: »Die meisten Menschen passen sich lieber der Mitwelt an. Sie tun alles, um geliebt, gelobt und anerkannt zu werden. Damit machen sie sich zu Marionetten allgemeiner Verhaltensklischees und verzichten darauf, ihr eigenes Leben zu leben.« Treffender kann man es kaum beschreiben.

Der Begriff des »gesunden Egoismus« beschreibt also ein Verhalten, mit dem man sich selbst mit Achtung wahrnimmt und seinen eigenen Bedürfnissen folgt. Damit ist die Basis für ein selbstbestimmtes Handeln auch gegenüber anderen gelegt.

Der Schweizer Autor Dani Nieth fragte in seinem Buch »Jammern gefährdet Ihre Gesundheit«[5] seine Leser: »Wissen Sie, was Ihnen wichtig ist? Tun Sie etwas Entsprechendes dafür? Kennen Sie Ihre Werte? Leben Sie sie? Und wie fühlt es sich letztlich an, dafür einzustehen, was man wirklich denkt und will?«

Darüber lohnt es sich, nachzudenken.

Auf den Punkt gebracht: Glück braucht Mut!

Sie wissen, dass Ihr Leben sich verändert, aber Sie haben keinen Mut, die Verwirklichung Ihrer Träume, Wünsche und Visionen in die Hand zu nehmen? Fünf Tipps, wie Sie ans Ziel kommen:

---

4 Kirschner J.: Die Kunst ein Egoist zu sein. Droemer Verlag, München 1976

5 Nieth D.: Jammern gefährdet Ihre Gesundheit: Das 7-Tage-Entwöhnungsprogramm. mvg-Verlag; München 2016

Machen Sie sich selbst Mut!

Unterteilen Sie den Weg zur Umsetzung Ihrer Vorstellungen in kleine Etappen – und nehmen Sie Ihr erstes Etappenziel gleich in Angriff. Sie können beispielsweise gleich jetzt zum Telefon greifen und eine gute Freundin (einen Freund) anrufen, um sich auf einen Kaffee zu verabreden. Machen Sie einfach etwas aus – und zwar ohne zuerst Ihr ständig präsentes schlechtes Gewissen zu befragen.

Malen Sie sich die Zukunft aus!

Und zwar in schönen, bunten, fröhlichen Farben. Konzentrieren Sie sich auf jedes Detail und geben Sie dunklen Visionen, die dazwischenfunken wollen, keine Chance. Die Fokussierung auf das Positive gibt Ihnen Kraft und Mut, für Ihre eigenen Bedürfnisse einzustehen.

Hören Sie unbedingt auf Ihr Gefühl!

Der Kopf kann viel, der Bauch weiß mehr. Vertrauen Sie auf Ihre Intuition und werden Sie aktiv. Entscheidungen zu treffen macht selbst dann, wenn Sie sich als falsch herausstellen sollten, mutiger.

Schauen Sie genau hin!

Glück und Zufriedenheit haben viele Facetten, doch im Alltag und im Zusammenleben mit einem kranken Menschen verliert man nur allzu schnell den Blick dafür. Und wann haben Sie Ihre alten Eltern oder den erkrankten Partner zum letzten Mal ganz genau angeschaut? Machen Sie also die Augen auf – und schauen Sie genau hin.

Hören Sie zu!

Oft ist man geneigt, selbst viel zu reden, wenn das, was man nicht hören will, zur Sprache kommt. Oft sind es aber die feinen Zwischentöne, die verraten, wie es wirklich um Ihre Eltern (Ihren Partner) steht und in welchen Bereichen diese Unterstützung brauchen.

Literatur

Adler, Eric, *Mehr vom Leben*, südwest-verlag, München, 2014

Baer, Udo, Schotte- Lange Gabi, *Das Herz wird nicht dement*, Beltz, Weinheim, 2013

Bräu, Andrea, *Bettgeflüster*, südwest-verlag, München, 2013

Fredrickson, Barbara, *Die Macht der Liebe*, Campus, Frankfurt/Main, 2014

Hofmann, Markus, *Denken Sie Neu! Mentale Fitness in einer digitalen Welt*, südwest-verlag, München, 2014

Kirschner, Josef, *Die Kunst, ein Egoist zu sein*, Droemer, 1976

Nieth, Dani, *Jammern gefährdet Ihre Gesundheit*, mvg, München, 2017

Salerno, Ann, Brock, Lillie, »*Change Cycle*«, Gabal, Offenbach, 2009

Teusen, Gertrud, *Entspannungstechniken für den Alltag*, BZ- Verlag, Köln, 1997

Teusen, Gertrud, *Jetzt wird Mama richtig alt!*, Kreuz-Verlag, Stuttgart, 2008

Teusen, Gertrud, *Höchste Zeit, darüber zu reden*, Kreuz-Verlag, Stuttgart, 2008

Teusen, Gertrud, *Da sein – nah sein, Wie wir unseren alten Eltern guttun können*, Kreuz bei Herder, Freiburg, 2010

Teusen, Gertrud, *Wenn Demenz zum Alltag wird*, mvg, München, 2019

von Bredow, Hasso, von Bredow, *Catherine, In einem Augenblick*, südwest-verlag, München, 2009.

Zimmermann, Bettina, *Emotionen – das Salz in der Krise*, Stämpfli Verlag, Bern, 2018

Websites (Auswahl)

https://www.medical-tribune.de/medizin-und-forschung/artikel/herzkrank-und-sex-geht-das/

https://www.senioren-ratgeber.de/An-deiner-Seite

https://www.palverlag.de/chronisch-kranken-helfen.html

https://www.aerzteblatt.de/archiv/67071/Chronische-Erkrankungen-Eine-seelische-Herausforderung

https://www.sn-online.de/Sonntag/Top-Thema/Du-bist-krank-und-mir-fehlen-die-Worte

https://www.nzz.ch/meinung/kolumnen/im-umgang-mit-schweren-erkrankungen-anderer-1.18509163

https://www.zeit.de/2008/52/Mitleid-Essay/seite-2

https://www.deutschlandfunkkultur.de/mein-partner-ein-pflegefall-wie-krankheit-die-liebe.976.de.html?dram:article_id=465935

https://www.rnd.de/liebe-und-partnerschaft/wenn-der-partner-zum-pflegefall-wird-darf-ich-dann-gehen-EJ2GBYJJTBBL7F5RIFNM32T52U.html

https://www.sueddeutsche.de/leben/schicksalschlaege-die-richtigen-worte-finden-1.581944

https://www.herzbewusst.de/leben-nach-dem-herzinfarkt/hilfe-fuer-angehoerige

https://www.brigitte.de/gesund/gesundheit/chronische-krankheiten--wie-sie-mit-einer-schweren-diagnose-umgehen-10148648.html

https://www.bundesgesundheitsministerium.de/fileadmin/Dateien/5_Publikationen/Pflege/Broschueren/190429_BMG_RG_Demenz.pdf

https://www.psychenet.de/de/psychische-gesundheit/themen/umgang-mit-demenz.html